Hans Jellouschek

Der Schlüssel zur Treue

Hans Jellouschek

Der Schlüssel zur Treue

Warum es sich lohnt, für die Liebe zu kämpfen

HERDER

FREIBURG · BASEL · WIEN

MIX
Papier aus verantwor-
tungsvollen Quellen
FSC® C083411

© Verlag Herder GmbH, Freiburg im Breisgau 2016
Alle Rechte vorbehalten
www.herder.de

Umschlaggestaltung: Designbüro Gestaltungssaal
Umschlagmotiv: © nulinukas – shutterstock

Satz: Carsten Klein, München
Herstellung: CPI books GmbH, Leck

Printed in Germany

978-3-451-61335-7

Inhalt

Vorwort

Als ich in der Zeit, in der ich dieses Buch verfasste, in einer Buchhandlung bei den einschlägigen Büchern stöberte, stellte ich fest: Zum Thema »Untreue« gab es jede Menge Literatur, zum Thema »Treue« war kaum etwas zu finden. Als ich die Buchhändlerin darauf ansprach, meinte sie: »Ja, wissen Sie, die Leute interessieren sich erst dafür, wenn es schiefgeht. Dann wird es hoch aktuell und sie fangen an, nach Hilfen zu suchen!«

Diese Aussage erinnerte mich an einen gesellschaftlichen Befund: Allen Umfragen zufolge legen die Menschen heute von ganz jung bis ganz alt größten Wert auf Treue in der Paarbeziehung. Sie entspricht dem eindeutigen Wunsch der allermeisten Menschen. Andererseits war aber die Untreue den Zahlen nach noch nie so weit verbreitet wie heute. Dabei wird sie als so schwerwiegend empfunden, dass sie sogar der häufigste Scheidungsgrund ist. Für die Menschen ist also Treue ein sehr hoher Wert. Warum kümmern sich dann so viel weniger vor der großen Krise darum?

Hier setze ich mit meinem Buch an: Was Treue bedeutet und wie sie in einer guten Weise aufrechterhalten und »genährt« werden kann, möchte ich meinen Leserinnen und Lesern schon vor der großen Krise deutlich machen, damit ihnen vielleicht viel unnötiges Leid erspart bleibt. Es geht mir auf den folgenden Seiten darum, deutlich zu machen, dass Treue nicht durch einen einmaligen Akt eines Treueversprechens festgelegt werden kann, sondern dass es sich dabei um einen Prozess handelt, der immer neu belebt werden muss. Wie das geht, und welche Einsichten und Verhaltensweisen dazu nötig sind, das möchte ich hier meinen Leserinnen und Lesern nahe bringen.

Dabei möchte ich vorausschicken: Eine sehr große Hilfe bei meiner eigenen Arbeit mit Paaren ist seit einiger Zeit ein Modell der Dynamik von Paarbeziehungen, das mein Schweizer Kollege, der Paartherapeut und Coach Christoph Thomann, entwickelt hat: Das sogenannten Polaritäten-Modell. Auch bei der Ausarbeitung der folgenden Darlegungen war dieses Modell für mich eine sehr große Unterstützung. Ich möchte ihm hier dafür meinen herzlichen Dank aussprechen. Er hat mich damit sehr unterstützt, das deutlich zu machen, was ich auf den nächsten Seiten darlegen werde.

Außerdem geht mein Dank an meine Frau Bettina. Leider hatte sie keine Zeit, um auch als Ko-Autorin mitzuwirken, wie dies bei den letzten Büchern der Fall war. Aber sie hat die Entstehung dieses Manuskripts begleitet und mir immer wieder sehr wertvolle Hinweise gegeben. Danken möchte ich schließlich auch meinem langjährigen Lektor Peter Raab, der mit Geduld, Toleranz und Hilfsbereitschaft das Werden dieses Buches begleitete.

Hans Jellouschek
Ammerbuch-Entringen im Frühjahr 2016

Einleitung
Treue in der heutigen Zeit

Treue zum Partner war als moralisches Gebot und darum als Verpflichtung in früheren Jahrzehnten selbstverständlich. Natürlich wurde diese Norm auch damals häufig verletzt, aber an ihrer Gültigkeit änderte sich dadurch nichts. Heute ist das dagegen anders geworden: Nicht nur, dass die Norm häufig, vielleicht noch häufiger als früher, verletzt wird. Viele zweifeln überhaupt daran, ob denn lebenslange Treue ein Ideal sein könne, und vor allem, ob man einander so etwas am Anfang einer Ehe versprechen soll und kann. Viele vermeiden sogar den Schritt zu einer formalen Eheschließung, ja sogar den Schritt, sich als »Paar« zu definieren, um mit dieser Frage erst gar nicht konfrontiert zu werden. Andere sehen jedenfalls in einem Treueversprechen »bis der Tod euch scheidet« keinen Sinn mehr: Man kann sich darauf doch nicht im Vorhinein festlegen – für ein ganzes Leben. Man weiß ja nie, was geschehen wird.

Verglichen mit früheren Jahrzehnten leben wir in einem Zeitalter des Individualismus und der Forderung nach individueller Glückserfüllung. Darum steht heute nicht die »Treue zum anderen«, sondern die »Treue zu mir selbst« ganz hoch im Kurs, und das bedeutet »Selbstverwirklichung«. Es ist deutlich, dass dieses Ideal der Treue zu sich selbst leicht in Widerspruch geraten kann zur Treue zu einem anderen. Darum werden derartige Festlegungen für eine Paarbeziehung immer häufiger vermieden: Man kann ja nie wissen. Es kann doch unerträglich werden in der Beziehung. Und es kann einem ja irgendwann einmal jemand begegnen, den man noch viel mehr liebt als den derzeitigen Partner ....

Das ist die eine Seite. Andererseits wird von Forschern und Therapeuten gerade in den letzten Jahren immer häufiger festgestellt: Es gibt unter jungen Leuten und jungen Paaren eine große Sehnsucht danach, dass der Partner/die Partnerin immer treu bleibt, dass er/sie unverbrüchlich zu einem steht, dass man sich ganz und gar auf seine/ihre Treue[1] verlassen kann. Die traditionellen Werte von Ehe und Partnerliebe scheinen also auch wieder an Bedeutung zu gewinnen!

Wie steht es mit dieser »neuen« Sehnsucht nach Treue? Sollte man sich die nicht eher abgewöhnen? Ist sie nicht total unrealistisch? Gehört zur Reife nicht vielmehr der Verzicht auf dieses Ideal, jedenfalls im Sinne einer »Voraus-Verpflichtung«, wie sie in einem Treueversprechen gelobt wird? Oder besteht Reife in einer Paarbeziehung vielleicht gerade darin, an einem solchen Versprechen als Forderung festzuhalten und alles daran zu setzen, um Treue zum anderen zu realisieren, auch unter Verzicht auf die eigene Glückserfüllung? Ist Treue zum anderen gerade notwendiger Bestandteil eines reifen Zusammenlebens? Brauchen wir nicht aus tiefstem Bedürfnis Verbindlichkeit in der Partnerbeziehung, im Unterschied zu einem unsteten und letztlich unbefriedigenden »Mal da, mal dort«?

Um diese Fragen geht es in diesem Buch: Lassen sich »Treue zu mir selbst« und »Treue zum anderen« miteinander verbinden und finden wir nur darin unser Glück in der Beziehung oder ist dies ein völlig unrealistisches und aufzugebendes Vorhaben? Die Antwort, das sei vorweggenommen, wird kein einfaches »Ja« oder »Nein« sein, sondern ein »Es kommt darauf an!«. Auf den – zugegeben nicht ganz einfachen – Weg dahin lade ich Sie, meine Leserin/meinen Leser ein, mit mir zu kommen!

Teil I:
Von Sinn und Unsinn
eines Treueversprechens

1. Kapitel
Zwei Fälle von Untreue

Zu Beginn möchte ich von zwei sehr unterschiedlichen Paaren berichten, die ich in der Therapie kennen gelernt habe, bei denen Untreue eine wichtige, auch sehr schmerzhafte Rolle gespielt hat. Diese beiden Paare werden uns das Buch hindurch begleiten, weil uns an ihnen Sinn und Unsinn von Treue sehr deutlich werden kann.

Anne und Dominik

Anne und Dominik kennen sich seit fünf Jahren, und seit drei Jahren leben sie als Paar zusammen. Anne ist 25, Dominik 27, sie hat Wirtschaft studiert und arbeitet als Controlerin in einem Unternehmen, er ist IT-Fachmann und – obwohl noch nicht lang in diesem Beruf tätig – bereits ein Spezialist auf seinem Gebiet. Sie haben keine Kinder, obwohl sich der Wunsch danach im letzten Jahr bei Anne immer wieder mal gemeldet hat. Die Besonderheit der beiden: Sie haben miteinander eine »offene Beziehung« vereinbart, das heißt: Seitensprünge und Liebesabenteuer sollen möglich bleiben und erlaubt sein. Die Anregung dazu kam vor allem von ihm, sie war zwar etwas skeptisch, aber war damit einverstanden, auch damit die Beziehung, die ja beide wollten, zustande kommen konnte. Beide haben diese Freiheit auch genutzt, Dominik häufiger als Anne, aber auch sie tat es ab und zu mal. Seit einiger Zeit merkt sie allerdings, dass sie das eigentlich nicht mehr will und dass es sie immer mehr zu stören beginnt, ja auch verletzt, wenn Dominik wieder einmal »ein kleines Abenteuer« hatte. Das befremdet ihn, es widerspricht ja ihrer Abmachung, das sieht auch sie, aber es ändert nichts an ihren Gefühlen. Mit diesem Konflikt und wegen dieses Konflikts kommen sie jetzt in die Beratung.

Nicola und Heinz

Sehr anders liegen die Dinge bei Nicola und Heinz, schon allein von ihrem Alter her. Sie sind ein Paar Mitte fünfzig, Nicola etwas jünger als Heinz. Er ist Ingenieur in der Autobranche, sie hat Pädagogik studiert, diesen Beruf aber lange Jahre nicht ausgeübt, weil sie mit den gemeinsamen Kindern Gregor, heute 31, und Franziska, heute 27, so beschäftigt war. Als die Kinder, auf die beide Eltern sehr stolz sind, größer wurden, hat Nicola nochmals ein Wirtschaftsstudium absolviert und arbeitet jetzt in der Fortbildungsabteilung einer Firma, wo sie nun beides, ihr Pädagogik- und ihr Wirtschaftsstudium gut miteinander verbinden kann. Das Paar ist 34 Jahre zusammen und seit 32 Jahren verheiratet. In die Beratung kommen sie, weil Nicola vor kurzem »durch Zufall«, wie sie sagt, die schockierende Entdeckung gemacht hat, dass Heinz ihr untreu geworden ist. Das ist für sie ein schwerer Schlag. Heinz ist sehr beschämt, und sogleich nach dieser Entdeckung bricht er die Außenbeziehung – seine bisher erste und einzige – zu seiner »Sportsfreundin« ab. Aber damit ist die Angelegenheit nicht erledigt. Es ist nichts mehr, wie es war. Nicola nimmt Heinz seine Untreue sehr übel und vor allem auch, dass er sein Fremdgehen vor ihr verheimlicht hat. Das verletzt sie so tief, dass eine Trennung für sie – trotz der langen Jahre – drohend am Horizont auftaucht und ihr kaum noch vermeidbar erscheint. Das ist der Grund, dass beide sich entschließen, eine Beratung in Anspruch zu nehmen.

Die Geschichte der beiden Paare

Wenn ein Konfliktthema wie Untreue zum Anlass einer Beratung wird, dann lohnt es sich immer, zu überlegen, was diesem Ereignis vorausging, denn sehr oft wird erst dadurch verständlich, wie es dazu gekommen ist.

Das junge Paar, *Anne und Dominik*, hat miteinander noch gar keine lange Geschichte. Als sie sich während des Studiums ineinander verliebten, lebten beide noch zu Hause. Kurz nach ihrem Auszug zogen beide zusammen in eine eigene Wohnung und verstanden sich somit »als Paar«. Beide hatten noch wenig Erfahrung mit anderen Männern und Frauen, ihrer beider Beziehung war die erste wirklich intensive. Das legte mir, dem Therapeuten, sofort eine Vermutung nahe: Ihre Beziehung hatte etwas mit der Ablösung beider vom Elternhaus zu tun. Ich fragte darum nach ihrer jeweiligen Rolle und Position in ihren Herkunftsfamilien. Dominik war das einzige Kind seiner Eltern. Er stand im Mittelpunkt, vor allem für seine Mutter. Sie vergötterte ihn förmlich und stand ihm bedingungslos für alle seine Bedürfnisse zur Verfügung. Weniger gut hatte es Anne. Als älteste Tochter mit zwei Geschwistern war sie vor allem die Unterstützerin ihrer Mutter. Und die brauchte sie auch sehr dringend, denn der Vater von Anne war seit mehreren Jahren leidend und bettlägerig. Annes Aufgabe war es vor allem, die Mutter bei der Pflege des Vaters zu entlasten. Deshalb war es für sie auch so wunderbar, in Dominik einen kerngesunden und tüchtigen Mann kennen gelernt zu haben, und Dominik wiederum fand es großartig, in Anne eine so liebevolle und fürsorgliche Partnerin gefunden zu haben. Fürsorge und die Fähigkeit, auf die Bedürfnisse anderer einzugehen, das hatte Anne ja gelernt und immer wieder geübt. Sie fand für die Beziehungskonstellation mit Dominik ein treffendes Bild: »Ich war für ihn immer der Flugzeugträger, von dem aus er seine Kampfeinsätze fliegen konnte. Wenn er davon zurückkam, war ich als

Landeplatz immer da für ihn!« Hier fällt natürlich sofort auf: Beide nehmen in ihrer Beziehung ziemlich genau die Rollen ein, die sie schon in ihren Herkunftsfamilien spielten: Sie ist die Fürsorgliche, die immer für ihn da ist, wenn er es braucht, und er ist der große, bewunderte Star, der das auch ganz selbstverständlich findet. Das heißt aber, dass sie mit ihrer Beziehung nichts Neues kreierten. Sie wurde für ihn in etwa das, was seine Mutter für ihn war, und er zog, so wie ihr Vater, ihre Fürsorglichkeit auf sich. Hier eröffnete sich allmählich der Sinn und die Funktion ihrer wechselseitigen Abmachung eines toleranten Umgangs mit ihrer Untreue. Darauf werden wir später eingehen. Zunächst wenden wir uns wieder dem anderen, älteren Paar zu mit der Frage, was bei den beiden der Untreue vorausging.

Bei Nicola und Heinz stand aufgrund ihres weiter fortge-schrittenen Alters und der langen Dauer ihrer Beziehung (35 Jahre!) verständlicherweise der Bezug zu ihren jeweiligen Herkunftsfamilien nicht mehr so im Vordergrund. Die Bezie-hung wurde von beiden bis zur Entdeckung Nicolas als nicht sehr lebendig, aber recht stabil erlebt. Mit ihrer Kooperation bei der Erziehung der Kinder waren beide sogar hoch zufrie-den, ja sie waren richtig stolz darauf, wie gut sie es mit denen »hingekriegt« hatten. Wirklich ernsthafte Konflikte zwischen ihnen hatte es bisher kaum gegeben. Das heißt aber wiede-rum nicht, dass sie rundum zufrieden mit ihrer Beziehung waren. Nicola hatte immer wieder vermisst, dass Heinz sich für ihre innere Befindlichkeit interessiert. »Er lebt in seiner Welt, wie es mir geht, das ist nicht interessant für ihn.« Das war für sie vor allem während ihres Zweitstudiums deutlich geworden, weil sie damals zeitweise arg unter Stress geraten war und seine Nachfrage und seinen Zuspruch dringend ge-braucht hätte. Seine Antwort auf ihre Kritik war: »Du hast mir aber auch nie gezeigt, wie es dir ging. Du hast mir im-mer den Eindruck vermittelt, dass schon alles in Ordnung ist und du das alles gut schaffst.« Sie darauf: »Ja, und weißt du

auch, warum? Wenn ich mal eine Bitte um Unterstützung ge-
äußert habe, da hast du dich gleich manipuliert gefühlt und
zurückgezogen. Du warst immer lieber draußen, bei deinen
Kumpels und deinem Sport ….« Darauf wiederum er: »Da
bist du aber nicht gerecht! Wie viel habe ich immer zu Hause gemacht! Alles, was zu reparieren war, habe ich übernommen. Finanzplanung, Hausbau und so weiter: Das war alles
meine Sache!« Dem stimmte sie zu, aber: »Dabei bin ich als
Person, wie es mir ging und was ich dachte oder fühlte, so
gut wie nie vorgekommen!« So oder ähnlich verliefen immer
wieder ihre Dialoge beim Rückblick auf ihre Beziehung. So
überraschend und schockierend hier die Untreue empfunden
wurde – übrigens nicht nur von Nicola, sondern im Grunde auch von Heinz –, auch hier eröffnete die Vorgeschichte
dieses Ereignisses einen wichtigen Zugang zum Verständnis
dieses Geschehens.

2. Kapitel
Untreue – eine Entwicklungschance?

Ein Treuegelöbnis zwischen Paaren bzw. dessen Einhaltung – diese These soll hier aufgestellt werden – ist in manchen Fällen fehl am Platz, es würde eine weitere Entwicklung der Partner und ihrer Beziehung unmöglich machen. Und nicht selten erweist sich das Brechen dieses Gelübdes im Nachhinein als hilfreich, ja sogar notwendig: Damit Entwicklung aus Stagnation und Erstarrung wieder in Gang kommt. Dies soll an unseren beiden Beispielpaaren auf den folgenden Seiten unter verschiedenen Blickwinkeln deutlich gemacht werden.

Anne und Dominik

Auf dem Hintergrund ihrer Herkunftsgeschichte wurde der Sinn ihrer »liberalen« Abmachung, sich gar nicht erst auf Treue im umfassenden, auch erotisch-sexuellen Sinn festzulegen, sehr bald klar, auch wenn zunächst den beiden dieser Sinn noch verborgen war. Um das zu verstehen, müssen wir etwas weiter ausholen.

Kleine Kinder brauchen in den ersten Jahren vor allem eine sichere Bindung bei Mutter und Vater. Wenn sie die erleben, fangen sie sehr bald an, sich auch nach außen zu wenden und ihre Umwelt zu erforschen. Das heißt: Sie beginnen, sich aus der ganz engen Bindung heraus auf den Weg zur individuellen Autonomie zu machen, indem sie anfangen, die Welt um sich herum zu erkunden. Zentral dabei ist aber die immer bereitstehende Möglichkeit, bei ängstigenden Erlebnissen wieder »kehrtzumachen« und zur Quelle ihrer Sicherheit bei Mama und Papa zurückzukehren, hier wieder Schutz zu suchen und Kraft für neue Erkundungen zu tanken. Dieser Prozess erreicht in der Zeit der Pubertät und Adoleszenz einen kritischen Punkt: Es geht hier um die allmähliche und schließlich vollständige Loslösung von einer kindlichen Bindung an die Eltern. Es geht um die ersten Schritte ins eigenständige Erwachsenenleben und um die Einübung eigenständiger, erwachsener Beziehungen, weil eine Rückkehr zur ursprünglichen Quelle der Sicherheit nicht mehr möglich ist und von den Heranwachsenden auch immer weniger gewollt wird. Das bringt viel Hin und Her mit sich: Auf die Eltern noch angewiesen sein, aber sich doch auf eigene Füße stellen wollen, sich selbst behaupten, aber es noch nicht können, weil die »eigenen Füße« noch nicht wirklich »tragen« .... Eltern Heranwachsender wissen davon ein Lied zu singen!

Allem Anschein nach war dieser Prozess von Anne und Dominik noch nicht wirklich vollzogen, als sie sich ineinander verliebten, ein Paar wurden und ein eigenständiges gemeinsames Leben beginnen wollten. Das wurde daran spürbar, dass Anne für Dominik die gleiche hingebungsvolle Rolle zu spielen begann, die Dominiks Mutter diesem gegenüber eingenommen hatte, und Dominik Annes gesamte Fürsorge auf sich zog, so wie ihr Vater in den letzten Jahren. Dominik nahm Anne für sich in Anspruch, wie es der bewunderte Liebling seiner Mutter immer ganz selbstverständlich getan hatte, und Anne nahm ihm gegenüber genauso selbstverständlich die Rolle der hingebungsvollen Tochter ein, die sie vorher ihrem Vater gegenüber gespielt hatte. Also »brauchten« sie gewissermaßen die wechselnden Außenbeziehungen, um immer wieder auch Distanz herzustellen, anstatt wieder die vollständig gebundene Kind-Rolle einzunehmen, die sie ihren Eltern gegenüber gespielt hatten.

Das ist ja die Funktion von erotischen und sexuellen Beziehungen in der Phase der Adoleszenz: Sie sind aufgrund ihrer emotionalen Intensität zum einen ein wichtiges Erfahrungsfeld für erwachsene Beziehungen, und deshalb zum anderen auch ein starker Motor zur Loslösung von den noch kindlichen Bindungen an die Eltern. Da Anne und Dominik wechselweise füreinander die Rollen ihrer Eltern übernommen hatten, brauchte es auch die Untreue, um immer wieder den nötigen Abstand zueinander herzustellen. Jeder der beiden »verschob« gewissermaßen seinen Ablöseprozess von den Eltern auf den anderen Partner. Das Problem war nur: Damit wurde ihre Beziehung nie zu einer Paarbeziehung auf gleicher Ebene, weil er ihr gegenüber die Vater- und sie ihm gegenüber die Mutter-Rolle einnahm. Dadurch versäumten es noch dazu beide, die anstehenden Lösungsprozesse jeweils mit der realen Mutter bzw. dem realen Vater zu vollziehen, die dadurch nicht wirklich ins Zentrum ihrer Aufmerksamkeit rückten.

Anne spürte das immer deutlicher, deshalb wollte sie mit diesem Arrangement auch Schluss machen. Sie spürte allmählich, dass mit ihrer Vereinbarung eigene Bedürfnisse unbefriedigt blieben. Irgendwann hatte sie darum genug von ihrer ursprünglichen Abmachung der Freizügigkeit. Sie war in ein neues Stadium ihrer Entwicklung getreten. Für sie war in der Beziehung zu Dominik etwas Neues dran. Aber der war noch an einer anderen Stelle. Die Außenbeziehungen waren für ihn immer noch der Versuch, sich von der mütterlichen Überfürsorge zu befreien, für die allerdings jetzt Anne stand, sodass seine Gebundenheit an die Mutter dadurch eher verdeckt als gelöst wurde.

Anne verstand diese Zusammenhänge im therapeutischen Prozess dagegen sehr schnell. Sie hatte in der letzten Zeit mehr zu sich selbst gefunden. Ihr Wunsch nach einem Kind, den sie – nicht zuletzt wegen ihres voranschreitenden Alters –

immer deutlicher spürte, hatte diesen Prozess noch vorange-
trieben. Sie fühlte immer deutlicher: Ich möchte eine verbind-
lichere Beziehung. Ich möchte vom anderen »ganz« gewollt
sein, und ich habe meinerseits das Bedürfnis, ein »ganzes Ja«
zum anderen zu sagen. Das Problem war, dass Dominik das
von seiner Seite noch nicht nachvollziehen und darum seinerseits auch nicht wünschen konnte. Ihre Beziehungsvorstellun-
gen waren zu diesem Zeitpunkt also nicht vereinbar, und so
blieb ihnen nur der schmerzvolle Schritt der Trennung....

Dem entsprechend lautet mein Fazit zu diesem Prozess: Die
Abmachung von Dominik und Anne, sich wechselseitig Außenbeziehungen zu erlauben, hatte anfangs ihren Sinn. Sie
spürten beide, dass es für ein wechselseitiges Treueversprechen
noch zu früh gewesen wäre. Dazu waren sie beide noch zu sehr
in einer – allerdings etwas verspäteten – Phase einer adoleszenten Ablösung vom Elternhaus. Und in dieser Phase haben
ja wechselnde, auch erotische und sexuelle Beziehungen ihren
Sinn und ihre Wichtigkeit. Ein Treueversprechen wäre also
zweifellos hier eine zu frühe Einengung und Festlegung gewesen. Beide brauchten – im Interesse ihrer individuellen Entwicklung – die Freiheit, sich auch noch in anderen Beziehungen zu erleben und zu erproben. Das Problem war allerdings,
dass sie – mit ausgelöst durch ihr frühes Zusammenziehen –
anfingen, ihre Vater- bzw. Mutter-Abhängigkeit auf den Partner zu übertragen, wodurch sie aneinander »abzuarbeiten«
begannen, was sie hätten mit Vater bzw. Mutter vollziehen
müssen. Das spürte Anne, und darum war für sie etwas Neues
dran, worin Dominik ihr aber leider nicht folgen konnte.

Nicola und Heinz

Wie sind die Dinge nun bei unserem älteren Paar zu sehen?
In dieser langjährigen Paarbeziehung spielten ja die wechselseitigen Elternbeziehungen – jedenfalls zunächst und im Vor-

dergrund – keine Rolle mehr. Für die beiden war auch klar, dass Treue zu ihrer Beziehung eigentlich dazugehörte und für sie verbindlich war. Darum war die Untreue von Heinz nach so langen Jahren auch – und zwar für beide – ein regelrechter Schock. Kann man diese Untreue aus der oben geschilderten Entwicklung ihrer Beziehung dennoch verstehen? Und was sagt uns das über den Sinn von Treue oder Untreue? Die schnelle Erklärung: »Naja, die Frau, um die es da ging, war halt jünger und attraktiver als die Ehefrau, da hat den Heinz eben die Lust gepackt...« Diese Erklärung scheint uns jedoch zu wenig zu sein und nicht den Kern der Sache zu treffen.

Was sich im Laufe der Beziehung der beiden vollzog, scheint mir typisch für viele langjährige Beziehungen zu sein: Sie »leiern aus«. Es gab zwischen Nicola und Heinz gar keine besonders heftigen Konfliktpunkte, es gab – wie oben erwähnt – sogar Freude und Zufriedenheit mit dem, was sie in den gemeinsamen Jahren zustande gebracht hatten. Aber es hatte sich in der letzten Zeit auch eine gewisse Unzufriedenheit mit der Beziehungsqualität breit gemacht, und zwar auf beiden Seiten: Nicola fühlte sich von Heinz in ihren Bedürfnissen nicht wirklich gesehen, und Heinz fühlte sich von Nicola nicht selten manipuliert, das heißt zu Handlungsweisen und Entscheidungen gebracht, die er bei näherem Hinsehen eigentlich gar nicht gewollt hatte. Außerdem empfand er seinen Einsatz für die Familie in praktischen Dingen von Nicola nicht ausreichend gewürdigt. Dies auch zu äußern, damit tat er sich allerdings schwer. Er ging eher so damit um, dass er's runterschluckte und sich immer öfter entspannenden Tätigkeiten außerhalb der Familie zuwandte, wie Training und Skatrunden mit Freunden. Anders seine Frau: Wenn es ihr zu viel wurde, stellte sie ihn in den ersten Jahren zur Rede. Aber dann gab es Streit. Dann begann Heinz sich zu verteidigen und Gegenvorwürfe zu machen: Der sattsam bekannte typische Teufelskreis entstand: A macht einen Vorwurf – B verteidigt sich – A verstärkt deshalb den Vorwurf – B begegnet dem mit Gegen-Vorwürfen – und schließlich tritt Schweigen ein, aber kein entspanntes, sondern eines, das aufgeladen ist mit allen möglichen negativen Gefühlen. Weil das immer wieder so lief und kein Ergebnis brachte, war die Konsequenz wie oft in ähnlichen Fällen folgende: Der unzufriedene Partner, häufig – wie in unserem Fall – die Frau verzichtet mehr und mehr darauf, sich zu äußern – »weil es ja ohnehin nichts bringt« – und lernt, damit »irgendwie zu leben«, ohne dadurch allerdings zufriedener zu werden.

Der Schock der Untreue veränderte mit einem Schlag diese Situation. Dass der eingetretene »Friede« ein fauler Friede war, das wurde beiden unleugbar deutlich. Die Unzufriedenheit mit der Beziehung auf beiden Seiten war darum plötzlich das zentrale Thema. Ausführlich wurde in den Therapiestunden darüber gesprochen. Heinz war der Seitensprung furchtbar peinlich und Nicola nahm ihm diesen auch sehr übel, und fast mehr sogar noch als diese Tatsache die lange Geheimhaltung. Aber immer deutlicher wurde auch, dass die Tat von Heinz in einer Phase der vollständigen Erstarrung der Beziehung geschehen war. Heinz hatte in seinen Liebesstunden mit »der Anderen« ja die Erfahrung gemacht, was eine Mann-Frau-Beziehung auch noch sein konnte, und er hatte sich, wie Nicola auch, erinnert, dass es so etwas auch in ihrem Zusammenleben gegeben hatte, wenn es auch schon recht lange her war. Es wurde beiden klar, dass sie diese Qualität des Anfangs im Laufe der Jahre »verschlampt« hatten. Auch Nicola konnte im Laufe der Beratung dabei ihren Anteil sehen, zum Beispiel darin, dass sie an Heinz illusorische Forderungen stellte, etwa wenn sie von ihm erwartet hatte, ihre Unsicherheiten und ihre Nöte während ihres Zweitstudiums zu erahnen. Und Heinz wurde klar, wie schnell bei ihm die Tendenz aufkam, sich zurückzuziehen und anderswo Ausgleich zu suchen, statt die ungelösten Reste ihrer Auseinandersetzungen wieder aufzugreifen und mit Nicola anzusprechen. Beide sahen außerdem, wie wenig »Beziehungskultur«

sie gepflegt, wie wenig sie dafür gesorgt hatten, dass es immer wieder positiven Austausch mit Lob und Anerkennung füreinander gab. Die Untreue von Heinz brachte mit einem Wort alles wieder auf den Tisch, was in den letzten Jahren halb aus Enttäuschung, halb einfach aus Unachtsamkeit unter den Teppich gerutscht war.

An dieser Stelle tauchte natürlich die Frage auf: Und was heißt das jetzt? Ist das ein Grund, die Beziehung überhaupt zu beenden? Oder im Gegenteil ein Grund, diese Themen neu aufzugreifen und so etwas wie eine »Renovierung« ihres Zusammenlebens in Angriff zu nehmen? Die Bindung der beiden war ja trotz allem immer noch stark. Die langen Jahre miteinander, alles, was sie in dieser Zeit miteinander aufgebaut hatten, das Verhältnis zu den erwachsenen Kindern: Das alles war ja auch ein großer Schatz – und sprach dafür, die zweite Möglichkeit ins Auge zu fassen und in Angriff zu nehmen.

Allerdings gab es für Nicola hier ein großes Hindernis: Sie sah das zwar alles, aber es lähmte sie die Verletzung, die ihr Heinz mit seiner Untreue zugefügt hatte, vor allem durch die Geheimhaltung nach so vielen Jahren des engen Zusammenlebens. Dies – so war ihr Erleben – hatte die Gesamtsituation ihrer Beziehung gewissermaßen in eine einzige Lüge verwandelt. Das kränkte sie tief. Sie kam sich von ihm regelrecht betrogen und ausgenutzt vor. Das nahm sie ihm sehr übel, und darum blieb zunächst offen, welchen Weg das Paar einschlagen würde. Wir werden später darauf zurückkommen.

Mein Fazit bis hierher: Bei Nicola und Heinz gab es – anders als bei Anne und Dominik – ein explizites und wechselseitiges Treueversprechen. Aber wenn es von Heinz nicht gebrochen worden wäre, was wäre das Ergebnis gewesen? Wahrscheinlich würden die beiden heute noch in einer immer distanzierteren, immer unlebendigeren, immer mehr erstarrenden Beziehung leben. Ist das der Sinn eines eingehaltenen Treueversprechens? War die Untreue von Heinz nicht gewissermaßen »notwendig«, um diese Erstarrung aufzubrechen? Was soll also der Sinn eines Treuegelöbnisses sein, wenn seine Einhaltung manchmal – und dies gar nicht so selten – in eine vollständige Erstarrung hineinführt? Bei Nicola und Heinz scheint es jedenfalls so gewesen zu sein, dass die Untreue von Heinz zwischen den beiden sehr viel in Bewegung brachte.

3. Kapitel
Sinn eines Treueversprechens

Treue zu sich selbst und Treue zum anderen – ein Widerspruch?

Nach dem, was wir eben gesagt haben – und zwar in beiden Fällen –, scheinen diese beiden Arten von Treue – die Treue zu sich selbst und die Treue zum anderen – miteinander in Widerspruch geraten zu sein. Auf wechselseitige Treue zu verzichten, scheint sowohl für Anne als auch für Dominik im Interesse der Treue zu sich selbst, also ihrer eigenen Individualität, ihrer Autonomie, unverzichtbar gewesen zu sein. Eine ausschließliche, eine »treue« Beziehung, hätte bei ihnen eine Entwicklungsblockade bedeutet. Dies war aber auch für Nicola und Heinz so: Die Treue zueinander war in emotionaler Hinsicht für beide zu einer Art emotionalem Gefängnis geworden, und das galt auch für Heinz, obwohl er dies nicht so spürte, weil er sich Möglichkeiten geschaffen hatte, schon vor der eigentlichen Außenbeziehung in andere Erfahrungen außerhalb der Beziehung »auszuweichen«.

Derartige Widersprüche von Treue zu sich selbst und Treue zum anderen erleben wir in den letzten Jahrzehnten viel häufiger, als dies früher der Fall war. Die Gesamtentwicklung in dieser Zeit, was Beziehungen angeht, kann man charakterisieren als eine *immer stärkere Betonung der individuellen Bedürfnisse und Interessen* gegenüber denen der Gemeinschaft und der Familie. Für die Menschen früherer Jahrhunderte war der Erhalt der Familiengemeinschaft überlebenswichtig. Es hing die nackte Existenz daran. Dies galt sowohl für die vorindustrielle, agrarisch-handwerkliche Gesellschaft, als auch für die erste Zeit der dann entstehenden industriellen Gesellschaft. Für die bäuerlich-handwerkliche Gesellschaft brauchte es das treue Zusammenwirken der ganzen Familie zum Überleben, und es brauchte vor allem auch einen Nachfolger des Familienoberhaupts samt tüchtiger und treuer Frau, damit der Betrieb, der die Lebensgrundlage für alle Familienangehörigen war, fortbestehen konnte. Dies galt in gewandelter Form auch in der industriellen Gesellschaft: Der Mann brauchte zu Hause eine Frau, auf die er sich ganz verlassen konnte, denn er musste ja den ganzen Tag auswärts im Betrieb arbeiten, um das Überleben der Familie zu sichern. Er war auch darum auf die Frau angewiesen, weil sie sich um die Kinder kümmerte. Es war damals sogar ein Zeichen gehobenen Lebensstandards, wenn diese nicht arbeiten »musste«, sondern der Mann genug Geld für die ganze Familie nach Hause brachte und sie deshalb bei den Kindern bleiben konnte.

Mit dem allgemein immer stärker wachsenden individuellen Bewusstsein seit Beginn der Aufklärung im 17. Jahrhundert und mit dem allmählichen Wandel von der industriellen zur post-industriellen Dienstleistungsgesellschaft schwanden allmählich diese Notwendigkeiten immer mehr: Für das wirtschaftliche Überleben war immer weniger unmittelbar die Familie bzw. der Mann allein nötig, und die Frauen wurden durch qualifizierte Ausbildung und häufigere Berufstätigkeit immer fähiger, für ihr Überleben – und wenn nötig auch für das der Kinder und der ganzen Familie – selbst zu sorgen. Die Verpflichtung, für das soziale System, dem man angehörte, und für das Überleben von Frau und Kindern zu sorgen, wurde also schwächer, das Bedürfnis hingegen, Glückserfüllung als Individuum und Person zu finden, wurde immer größer – sowohl bei den Männern, als auch bei den Frauen. Hier liegt ja auch der Ursprung der Frauenbewegung des vergangenen Jahrhunderts, in der erstmals in der Geschichte der kollektive Anspruch erhoben wurde, als Frau mit dem Mann gleichwertig zu sein und respektiert zu werden.

So erhebt sich hier natürlich auch die Frage: *Gehört eine Verpflichtung zur Treue zum Partner nicht einer anderen Zeit an?* Aus gesellschaftlichen Gründen hatte sie einmal einen guten, wichtigen Sinn. Denn für das Überleben der Familie war die daraus erwachsende hohe Stabilität des Familiensystems notwendig. Aber heute? Kann nicht, ja muss nicht in der heutigen Gesellschaft und angesichts des Gleichwertigkeitsanspruchs von Frauen und Männern die Treue zum Partner ein Gefängnis für Frau und Mann werden? Spürten da Anne und Dominik nicht etwas zentral Wichtiges und Richtiges? Und was wäre aus Nicola und Heinz geworden ohne den Ausbruch von Heinz? Die Antwort darauf ist uns für die beiden Paare in den vorausgehenden Überlegungen deutlich geworden.

Unsinn eines Treuegelöbnisses?

Was ist aber dann von den Eheversprechen, wie sie in den kirchlichen Trauungsritualen beider Konfessionen nach wie vor verlangt werden, zu halten? Hier wendet sich der Pfarrer zuerst an den Mann und dann mit entsprechender Umformulierung an die Frau mit folgender Frage: »N.N., ich frage Sie vor Gottes Angesicht: Nehmen Sie Ihre Braut an als Ihre Frau und versprechen Sie, ihr die Treue zu halten in guten und bösen Tagen, in Gesundheit und Krankheit, und sie zu lieben, zu achten und zu ehren bis der Tod euch scheidet? Dann sprechen Sie: Ja!« Daraufhin muss der Mann – und nach ihm die Frau – mit einem eindeutigen »Ja!« antworten, damit die Ehe geschlossen ist, die nach katholischem Verständnis sogar als Sakrament gilt und darum unauflöslich ist.

Im evangelischen Verständnis der Ehe gibt es zwar hier eine gewisse Relativierung: Luther erklärte die Ehe im Gegensatz zum »heiligen« Sakrament im katholischen Verständnis zu einem »weltlich Ding«, und darum gibt es in der evangelischen Tradition auch keine »Unauflöslichkeit«. Die Brautleute fügen ihrem »Ja« zum Treuegelöbnis im evangelischen Ritus außerdem die Formel »Mit der Hilfe Gottes« hinzu und machen damit deutlich, dass die Einhaltung des Versprechens nicht allein in ihren Kräften liegt. Andererseits aber wird die Absolutheit des Versprechens sogar noch verstärkt dadurch, dass es seit einigen Jahren üblich geworden ist, dass Braut und Bräutigam ihre Verpflichtung nicht nur durch ein kurzes »Ja« zum Ausdruck bringen, sondern diese (wie auch im katholischen Ritus) noch ausdrücklicher und deutlicher machen, indem sie die ganze Trauungsformel als direkte Anrede an den Partner/die Partnerin sprechen: »N.N., vor Gottes Angesicht nehme ich dich an als meine Frau/meinen Mann und verspreche dir …«

Wie kann man sich aber zu Beginn eines gemeinsamen Lebens und im Vorhinein in dieser Weise festlegen – zumal ja nach katholischem Verständnis eine Wiederheirat nach einer Trennung sogar für unmöglich erklärt wird? Der bekannte Spruch mahnt ja wohl zur Vorsicht: »Drum prüfe, wer sich ewig bindet …« Aber: Auch wenn sich jemand, der sich in diesem Sinn »ewig bindet«, noch so sorgfältig »prüft«, kann es dann nicht ganz ähnlich sein wie bei Anne und Dominik, dass die beiden, die sich da aneinander binden, noch ganz unreif-kindlich voneinander abhängig sind, und gerade Untreue nötig ist, um sich davon »freizustrampeln«? Oder dass sie wie Nicola und Heinz in eine Stagnation geraten, aus der die Untreue eines der beiden ein nötiger oder jedenfalls einzig wirksamer Befreiungsschlag wird?

Wenn für das Zustandekommen einer Ehe im christlichen Sinn ein Treueversprechen »für immer und ewig« verlangt ist, wird dann daraus nicht ein »Gesetz«, eine »Vorschrift«, die eingehalten werden muss, ganz gleich, ob die Ehe noch von der Liebe der beiden gefüllt und getragen ist? Kann man ein solch »unbedingtes« Treueversprechen am Anfang einer Ehe verlangen? Werden dadurch Menschen nicht unter Umständen an unerträgliche Lebensumstände und Entwicklungen gefesselt, wenn sie dieses Versprechen ernst meinen? Und wird dadurch nicht die ganze Angelegenheit auf die Ebene der Moral verschoben, die dann völlig zudeckt, wie konstruktiv oder destruktiv die beiden Partner ihre Beziehung gestalten?

Ich bin überzeugt, dass Überlegungen oder Ahnungen in diese Richtung ein wichtiger Grund sind, dass immer mehr Menschen den Schritt zur ausdrücklichen Eheschließung vermeiden, und zwar nicht nur zu deren kirchlicher Form, sondern auch zur standesamtlichen: Die Eheschließung ist in der Vorstellung der Menschen so oder so mit der Festlegung auf lebenslange Treue verbunden. Für die heutige Ehe, und damit auch für die gelebte Treue, ist aber doch ausschlaggebend, *dass die persönliche, wechselseitige Liebe noch lebendig ist,* und nicht mehr die Überlebensnotwendigkeit des Familiensystems wie in früheren Jahrhunderten. Man kann doch die Liebe nicht »gesetzlich« und per Vorschrift am Leben halten! Kann man sie also durch ein Treuegelöbnis »bis der Tod euch scheidet« festschreiben? Man kann es nicht, das sehen wir an den vielen Tausenden von jährlichen Trennungen in allen Industrienationen des Westens. Hat also ein Treueversprechen für eine dauerhafte Liebe von Partnern heute überhaupt noch einen Sinn? Und wenn ja: Welchen Sinn könnte es haben?

Vom Sinn eines Treueversprechens

Ich glaube, dass es an der Zeit ist, das Treuegelöbnis neu und anders zu verstehen – und es wohl auch im Trauungsritual der Kirchen anders zu formulieren. Darum vertrete ich in diesem Buch die folgende Auffassung: Dass die Partner bei dem

Entschluss, als Paar ihr Leben auch im Alltag miteinander zu teilen, einander die Treue versprechen, hat nach wie vor seinen Sinn, ja es ist sogar notwendig, damit Beziehung, damit Familie gelingt. Allerdings nicht im Sinne der Unterordnung unter ein Gesetz, sondern im Sinn einer ernsthaften Absicht: »Weil ich dich liebe und mich von dir geliebt fühle, lasse ich mich ganz auf diese Beziehung ein, und das heißt auch, dass ich dir treu bleiben will, auch im intimen und sexuellen Bereich!« Das heißt aber zugleich auch: Ein »gesetzlich« verstandenes Treueversprechen am Anfang einer Ehe ist unsinnig. Es kommt in jedem Fall mit der uns heute so wichtigen und für unsere heutige Lebensqualität auch entscheidenden Treue zu sich selbst in Widerspruch.

Hingegen ist ein »Absichts-Treue-Versprechen« als wesentlicher Bestandteil des Beschlusses eines Paares, das weitere Leben miteinander zu teilen, äußerst sinnvoll, ja sogar notwendig. Um diese Aussage nachvollziehbar zu machen, beziehe ich mich wieder auf die Entwicklungsgeschichte des Menschen. Am Anfang unseres Lebens brauchen wir eine unumstößlich sichere Bindung an Mutter und Vater. Ist sie gar nicht vorhanden, ist sogar das physische Überleben des Säuglings gefährdet. Ist sie nur teilweise da, weil die Eltern zentrale Bedürfnisse des Kindes vernachlässigen, diese nicht beachten oder direkt dagegen handeln, sind der Preis dafür massive seelische Störungen, die dem Kind kein gutes weiteres Leben ermöglichen, weil es dann selbst weder gesunde Bindungen eingehen, noch eine echte Autonomie entwickeln kann. Wir brauchen feste Wurzeln, damit wir auch starke Flügel entwickeln können, um »aus dem Nest zu fliegen« und ein eigenes, gutes, eigenständiges und gebundenes Leben zu beginnen. Wurzeln und Flügel, Bindung und Autonomie: Das sind und bleiben die Grundbedürfnisse, nach deren Erfüllung wir ein ganzes Leben immer wieder suchen. Natürlich werden der Heranwachsende und der Erwachsene selbstständiger (oder sollten es jedenfalls werden). Der Erwachsene ist nicht mehr so auf Bindung angewiesen wie das Kind bei den Eltern. Aber das Bedürfnis bleibt: Wir suchen zeitlebens auch nach sicherer Bindung. Wir brauchen sie, damit unsere Autonomie nicht in Einsamkeit und Beziehungslosigkeit mündet, die wir ja von manchen Menschen kennen, die aber eine zutiefst unglückliche und unerfüllte Daseinsform darstellt.

Natürlich gibt es auch die bewusste Entscheidung für eine Lebensform ohne Partner/ohne Partnerin. Aber bei Menschen, die eine solche Lebensform wählen, tritt in aller Regel die Bindung an eine Gemeinschaft an die Stelle der Bindung an einen Partner. Sehr oft ist eine solche Entscheidung – zum Beispiel bei Mitgliedern klösterlicher Gemeinschaften – außerdem begleitet von der spirituellen Erfahrung der Bindung an eine transzendente Wirklichkeit, sodass auch hier die Balance der Grundbedürfnisse nach Autonomie und Bindung gewahrt bleiben kann.

Aber diese Balance gilt vor allem auch für das Leben in Paarbeziehungen: Wir suchen auch hier die sichere Bindung beim Partner, damit uns auf gute Weise ein autonomes, selbstständiges Leben ermöglicht wird: Ein autonomes Leben in der Bindung an einen geliebten Menschen. Die sichere Bindung verhindert, dass unsere Autonomie beziehungslos wird und zum Einzelgängertum führt, die Autonomie wiederum fördert die Reife der Bindung im Unterschied zur kindlich-unselbstständigen der frühen Lebensphasen.

Aber – so werden hier viele fragen – warum braucht die sichere Bindung zum Partner ausgerechnet und vor allem auch sexuelle Treue? Dies wird ja heute von vielen, auch von Fachleuten in Zweifel gezogen (zum Beispiel Natho 2014, Lendt u. Fischbach 2014): Würde es das Zusammenleben nicht wesentlich erleichtern, auf diesen Anspruch zu verzichten? Würden nicht unendlich viele Konflikte in Paarbeziehungen ein Ende haben, wenn wir dieses Ideal aufgäben? Meine Antwort darauf: Nein, das würde es nicht! Denn: Gerade die Treue zum anderen, die auch Intimität und Sexualität umfasst, und nur sie vermittelt uns das Gefühl von wirklich fester, sicherer Bindung an den Partner.

Freilich ist es so, dass es keine biologisch-genetische Grundlage für die sexuelle Treue gibt. Zwar sind im Menschen – so lehren uns die Neurobiologen – die Hormone Oxytozin und Vasopressin für eine emotional starke Bindung wirksam[1], aber ein eigentliches »Treue-Gen« gibt es nicht. Im Gegenteil, biologisch wirksam bei den Männern ist eher, dass sie mehr Kinder zeugen können, wenn sie mehr Frauen haben. Und für die Frauen wächst die Chance, gesündere, klügere, hübschere Kinder zu bekommen, wenn sie sie sich nach zusätzlichen interessanten Erzeugern umsehen. Die Biologie drängt die Menschen also eher zu mehreren sexuellen Beziehungen gleichzeitig. Diese Tendenz wird noch durch den Reiz des Neuen verstärkt (»Immer wieder mal was Neues …!«) und durch die Tatsache, dass »Eroberungen« das Selbstwertgefühl stärken und die Eitelkeit nähren. Und Gelegenheiten dazu gibt es heutzutage zuhauf, nicht zuletzt durch die schier unendlichen Möglichkeiten des Internets. Dennoch vertrete ich hier den Standpunkt: Das grundlegendere Bedürfnis beim Menschen ist das nach Treue – auch im sexuellen Bereich.

Dass sich dies so verhält, wird vor allem dann deutlich, wenn in Paarbeziehungen diese Treue von einem der Partner gebrochen wird. Es gibt für die meisten Menschen kaum etwas, das sie tiefer verletzt. D. Revenstorf[2] bringt dies in Zusammenhang mit unserem bleibenden Bedürfnis nach Geborgenheit: »Die Partnerliebe (ist) mit der Sehnsucht nach der ursprünglichen Geborgenheit verbunden, die schon dem Kind unentbehrlich war. … Diese Geborgenheit, die ja nur von beiden gemeinsam aufrechterhalten werden kann, wird durch die Untreue infrage gestellt … Der Betrogene fühlt sich plötzlich alleingelassen und einsam.« Dieses bleibende Bedürfnis nach Geborgenheit ist aber – wie unmittelbar einsichtig – nichts anderes als eine typische Ausprägung unseres bleibenden Bindungsbedürfnisses. Der Untreue mutet also seinem Partner, wie Revenstorf eindrücklich darlegt, »... Verlust, ... Schutzlosigkeit, Abwertung, Identitätsverlust und Daseinsangst«[3] zu, verletzt also das Bindungsbedürfnis, das mit dem Kern seiner – auch erwachsenen – Persönlichkeit zutiefst verbunden ist.

Warum ist das so? Sichere Bindung entsteht im Säuglingsalter durch die Erfahrung, als Person mit Seele und Leib für jemanden »einzigartig«, nicht auswechselbar zu sein. Diese Erfahrung scheint etwas spezifisch Menschliches zu sein, das es so im Tierreich nicht gibt. Ohne diese Erfahrung werden Menschen – wie die Säuglingsforschung der letzten Jahrzehnte nachgewiesen hat – seelisch krank, auch wenn biologisch für alles Nötige gesorgt ist. Die Liebe der Partner, die sich auch in der körperlichen Vereinigung ausdrückt, vermittelt für den Erwachsenen gerade wieder diese Erfahrung: Ich bin für den anderen einzigartig – auch in dieser intimsten körperlich-seelischen Erfahrung der Sexualität. Und darum soll sie dem Austausch mit diesem einen, mit dem ich auch das übrige Leben teile, vorbehalten bleiben. Das Teilen dieses intimsten Bereiches mit Dritten würde für den Menschen aus der Bindung an seinen Partner eine unsichere Bindung machen. So wird es jedenfalls immer wieder erlebt, wie in unserem Fall von Anne: In ihrer wachsenden Unzufriedenheit wurde ihr Bedürfnis nach sexueller Ausschließlichkeit mit Dominik spürbar und schließlich offensichtlich. Sie ertrug Dominiks andere sexuelle Beziehungen deshalb nicht mehr, und das veranlasste sie sogar zu dem äußerst schmerzvollen Schritt der Trennung – die übrigens nicht endgültig war. Doch darauf werden wir später zurückkommen.

Immer wieder habe ich das erlebt: Auch bei ehrlichem und beiderseitigem Willen zur sexuellen Offenheit nach außen entwickelt sich bei einem oder beiden eine solche Unzufriedenheit. Und wenn beide dennoch an der Beziehung mit vereinbarter sexueller Offenheit festhalten, ist der Preis häufig, dass einer von beiden oder beide sich trotz ihres Miteinanders mehr und mehr vom anderen verletzt, einsam und allein gelassen fühlen. Das Gefühl, für den anderen nicht mehr einzigartig, sondern »eine/r unter mehreren« zu sein, also in der Bindung an ihn unsicher geworden zu sein, macht sich breit. Die Erfahrung der Balance von Autonomie und Bindung geht verloren, und die verbliebene »Autonomie« fühlt sich immer mehr wie »Einsamkeit« und »Allein-Sein« an.

Nun könnte man hier natürlich einwenden: Aber wie ist das in anderen Kulturen? Zum Beispiel in der arabischen Welt, wo immer noch Männer mit mehreren Frauen verheiratet sind? Hier kann doch von sexueller Ausschließlichkeit in einer Zweierbeziehung keine Rede sein! Ich wage hier die Hypothese: Wenn sich diese Kulturen weiterentwickeln werden, wird auch hier die Notwendigkeit, viel Nachwuchs in die Welt zu setzen, abnehmen und der Anspruch auf individuelle Selbstverwirklichung und Gleichwertigkeit der Geschlechter wachsen, so wie wir es heute schon erleben, wenn Menschen aus diesen Kulturkreisen näher mit unserer westlichen Welt in Kontakt kommen. Somit wird auch für diese Menschen das Bedürfnis nach Ausschließlichkeit und sexueller Treue wachsen.

Unser Suchen nach sicherer Bindung in der Paarbeziehung braucht also die Erfahrung auch von sexueller Treue, sonst bleibt dieses zentrale Bedürfnis unseres Zusammenlebens mit dem Partner unbefriedigt. Wir wollen »einander Hafen sein«, »einander Heimat sein«, und ohne sexuelle Treue bleiben wir, auch wenn wir das Zusammenleben mit diesem Partner/dieser Partnerin fortsetzen, im Grunde unseres Herzens Einsame, die heimatlos auf dem Meer des Lebens treiben.

Das hochzeitliche »Ja« zum andern muss also den Willen zur – auch sexuellen – Treue enthalten. Aber: Wir können diesbezüglich dem anderen nicht die Sicherheit geben, welche die traditionell kirchlichen Trauformeln, vor allem in der Formulierung »… bis der Tod euch scheidet« nahelegen und fordern. Das zeigt sich bei unseren Fällen vor allem an Nicola und Heinz. Wie in der Paartherapie deutlich wurde, war sein Ausbruch gewissermaßen der Ausbruch aus einem Gefängnis, an dem Nicola durchaus auch mitgebaut hatte. Wo hätten die beiden geendet, wenn Heinz sich aufgrund seines Eheversprechens diesen Ausbruch verboten hätte? Wir haben bereits darüber gesprochen, und ähnlich erleben wir es immer wieder in Therapien, wenn es um Untreue eines der beiden Partner geht: Es ist das oft unbewusste Bedürfnis nach einer Lebendigkeit, die in der Beziehung verloren gegangen ist, die sich da wieder Bahn bricht[4]. Und dass sie in der Beziehung verloren gegangen ist, das hat so gut wie immer auch der »treue« Partner mit verursacht: Beide haben die immer wieder nötige Verlebendigung ihrer Beziehung versäumt.

Das Treueversprechen ist also einerseits höchst sinnvoll, es reagiert auf das Grundbedürfnis nach sicherer Bindung, das wir nicht mit der Kindheit ablegen, sondern auch als Erwachsene behalten. Andererseits können wir dem anderen damit keine absolute Sicherheit geben. Es bleibt ein »Absichts-Treue-Versprechen«. Die es sich geben, äußern die ernste Absicht, es einzuhalten, aber sie können dafür keine Garantie übernehmen. Vielmehr drücken sie darin ihr Bedürfnis aus, das sie einerseits zu diesem Zeitpunkt ihrer Beziehung auch vom andern kennen und erfüllt wissen möchten, und andererseits drücken sie damit die ernsthafte Absicht aus, auch auf dieses Bedürfnis des anderen mit Leib und Seele einzugehen. Entwicklungen wie diejenigen von Nicola und Heinz können sie aber dabei nicht einfach ausschließen, weder bei sich noch beim anderen, und darum können sie auch nicht ausschließen, dass ihre Treue sinnlos, ja sogar kontraproduktiv werden kann. Das Versprechen »bis der Tod uns scheidet« scheint mir solche Entwicklungen von vornherein ausschließen zu wollen und wird darum dem Leben heutiger Paare nicht mehr gerecht.

Ein Blick zurück auf unsere beiden Paare

Bevor ich im nächsten Kapitel nochmals genauer auf dieses »Absichts-Treue-Versprechen« eingehe, wende ich mich zunächst noch einmal unseren beiden Beispielpaaren zu, um mitzuteilen, wie sich bei ihnen die weitere Entwicklung gestaltete.

Zunächst bei Anne und Dominik

Die Trennung der beiden aufgrund dessen, dass Dominik seine Außenbeziehungen nicht aufgeben wollte, war – wie bereits angedeutet – nicht das letzte Wort. Die beiden meldeten sich nach etwa zwei Jahren wieder bei mir. Sie hatten sich zwar getrennt, aber beide merkten nach einiger Zeit, dass zwischen ihnen doch eine so innige Verbindung entstanden war, dass jeder für den anderen etwas Besonderes, Einzigartiges geblieben war. Als sie sich zufällig wieder trafen, kamen sie darüber ins Gespräch, dem dann noch mehrere weitere folgten. Denn in letzter Zeit hatte auch Dominik gemerkt, dass seine wechselnden Beziehungen ihn nicht mehr befriedigten. Er hatte sich dann längere Zeit mit »Polyamorie als Lebenskonzept«[5] befasst, also mit der in letzter Zeit auch in der Öffentlichkeit z.B. des Internets zum Ausdruck gebrachten Auffassung, dass auch ein dauerhaftes und verbindliches Zusammenleben von mehreren Paaren, die sich untereinander wechselnde sexuelle Beziehungen erlauben, als Lebenskonzept neben der Monogamie möglich ist bzw. sein sollte. Aber was Dominik bei seinen Recherchen hier kennen gelernt hatte, reizte ihn nicht. Immer wieder wanderten seine Gedanken zu Anne, und mit ihr, das wusste er, würde ein »polyamouröses« Lebenskonzept nicht möglich sein. Und er wollte es selbst eigentlich auch gar nicht mehr. Er wollte Anne als Lebenspartnerin und sonst niemanden. Dennoch schreckte ihn der Gedanke an ein ausdrückliches Treueversprechen immer noch, und darum meldeten sie sich wieder.

Wir sprachen miteinander über die oben dargelegte Auffassung des Treueversprechens als »Absichts-Treue-Versprechen«. Es einander in diesem Sinn zu geben, erschien beiden, auch Dominik, immer angemessener. Wir redeten und verhandelten dann noch ausführlich darüber, was ein solches Treueversprechen für die Zukunft und in ihrem Alltag bedeutete – angesichts ihrer persönlichen Eigenarten und ihrer individuellen Unterschiede. Auch dadurch festigte sich bei beiden eine realistische Sicht und ein klarer Wille, sich auf ein so verstandenes verbindliches Zusammenleben einzulassen. Auch den Sinn und die Angemessenheit ihrer »Untreue-Vereinbarung« am Beginn ihrer Beziehung verstanden sie mit der wachsenden Einsicht in ihre ungelösten Bindungen an die Herkunftsfamilien immer besser, und Anne konnte im Nachhinein auch akzeptieren, dass Dominik zum Zeitpunkt ihrer wachsenden Unzufriedenheit mit ihrem bisherigen Lebenskonzept, dieses mit Blick auf seinen eigenen Lösungsprozess von seiner Familie, vor allem von seiner Mutter, noch gebraucht hatte. Mit dem Entschluss der beiden, nun in ein verbindliches gemeinsames Leben zu starten, endete diese Beratung.

Und bei Nicola und Heinz?

Trotz sehr unterschiedlicher Vorgeschichten war der therapeutische Prozess bei Nicola und Heinz gar nicht so verschieden davon. Zunächst stellten sie fest, dass sie trotz der Untreue von Heinz und trotz des Schocks, den diese vor allem für Nicola bedeutete, dennoch immer noch eine starke emotionale Verbindung zueinander verspürten. Dies war für alles Weitere eine gute Voraussetzung, obwohl gerade das anfangs von Nicola auch als eine besondere Schwierigkeit erlebt wurde. Denn gerade aufgrund dieser inneren Verbindung kränkte Nicola – wie erwähnt – die Geheimhaltung der Außenbeziehung ganz besonders. Es bedurfte darum zunächst eines intensiven Eingehens auf diese Enttäuschung. Heinz öffnete hier das Tor für den weiteren Prozess, indem er in aller Form seine Frau um Verzeihung bat, ihr das angetan zu haben.

Als das geschehen und Nicola – was gar nicht so selbstverständlich ist! – auch bereit war, seine Bitte um Verzeihung zu erfüllen, erwies sich die noch immer gefühlte innere Verbindung des Paares als eine große Hilfe für den weiteren Prozess. Sie ermöglichte, beide dafür zu motivieren, auf ihren bisherigen gemeinsamen Weg, der ja schon mehr als 30 Jahre lang währte, gemeinsam zurückzublicken. Dabei war es Nicola hoch anzurechnen, dass sie immer häufiger darauf verzichtete, was in ähnlichen Fällen eine große Gefahr ist: als »diejenige, die treu war« den anderen als den »Betrüger« und »Fremdgeher« abzustempeln und moralisch abzuwerten.

Dies geschieht ja sehr häufig in ähnlichen Fällen, vor allem dann, wenn das Treueversprechen aufgefasst wird als die Verpflichtung auf eine moralische Norm, ein »Gebot«. Dann ist der eine der »Unschuldige« und der andere wird zum Übeltäter, der dieses Gebot übertreten hat. Damit aber kommt moralische Über- und Unterlegenheit ins Spiel, was eine konstruktive Aufarbeitung des Vorgefallenen so lange unmöglich macht, wie diese Sichtweise aufrechterhalten wird. Keineswegs besser ist es auch, wenn nicht vom »Treuen«, sondern vom »Untreuen« diese Sichtweise ins Spiel gebracht wird. »Wie konnte mir das nur passieren!?«, fragte sich in einem solchen Fall der schuldbewusste Mann immer wieder. Solche und ähnlich entsetzte Formulierungen kommen »Untreuen« immer wieder über die Lippen, wenn die Sache offen wird und zum Konflikt mit dem Partner führt. So betroffen die untreu gewordenen Partner hier erscheinen, es ist nichts anderes als ein Ausweichen vor dem, worum es jetzt geht. Denn damit wird das Geschehene ebenfalls auf eine moralische Ebene geschoben und eine Einsicht in das, was vorgefallen ist, und welche Dynamik in der Beziehung, an der beide ihren Anteil haben, dazu geführt hat, wird vermieden.

Nicola und Heinz waren bereit, anders auf das Vorgefallene zu schauen. Nicola konnte beim Rückblick auf die gemeinsame Beziehungsgeschichte auch ihren eigenen Anteil an den deutlich werdenden Beziehungsproblemen sehen. Zum Beispiel, dass sie immer wieder versucht hatte, das Freiheitsbedürfnis von Heinz zu beschneiden und Nähe zu ihm mit »Eingrenzung« herzustellen, indem sie ihn zu Hause mit »dringenden Arbeiten« beschäftigte, und zwar gerade dann, wenn er zu seinen Sportsfreunden wollte. Heinz wiederum sah hier aber auch deutlich seinen Anteil, und was durch sein Verhalten die Gefahr der Außenbeziehung immer mehr heraufbeschworen hatte: Dass er zu den Freunden tatsächlich oft auch ausgewichen war, statt sich mit Nicola wichtigen Themen zu Hause zu stellen. Er machte außerdem auch deutlich, dass er zum Beispiel in Nicolas stressiger Ausbildungszeit durchaus manchmal auch deren Bedürfnis nach Zuspruch bemerkt hatte, aber weil er sich so unbeholfen fühlte, damit umzugehen, gar nicht versucht hatte, darauf einzugehen, sondern lieber in seine Freiheit »draußen« ausgewichen war. Andererseits war Nicola auch hier bereit, einen eigenen Anteil zu sehen: Dass sie ihre Bedürfnisse nicht deutlicher gemacht hatte, und dass sie überhaupt dazu neigte, ihr Inneres dem anderen zu verbergen, und zu erwarten, dass dieser ihre Bedürfnisse nach Nähe ahnt und sich ihnen auch ohne Hinweis von ihrer Seite widmet.

Auf diesem Weg wurde immer deutlicher, dass die beiden sich nach anfänglich großer Lebendigkeit miteinander immer mehr voneinander entfremdeten, und begannen, wie zwei »intimate strangers« zu leben, wie diese Konstellation von amerikanischen Kollegen einmal genannt wurde: zwei »intime Fremde«, die zwar räumlich in großer Nähe leben, aber als seelisch Fremde in großer Distanz bleiben. Weil ihnen das nicht voll bewusst war, vermieden sie auch immer mehr, das Problem zu thematisieren. Nicola hatte zwar mehrmals den Versuch dazu gemacht, aber – gemäß seinem »Muster« – war Heinz immer wieder ausgewichen. Das sah Heinz jetzt ebenfalls, und er konnte Nicola glaubwürdig versichern, dass er das aus jetziger Sicht ebenfalls ehrlich bedauerte.

Als das alles (und noch einiges mehr) zur Sprache gekommen war, waren beide mehr und mehr betroffen, weil sie sich sagen mussten: »Wohin sind wir nur mit unserer Beziehung im Laufe der letzten Jahre geraten!?« Den beiden war deutlich: Die Untreue von Heinz konnte nicht einfach als »unmoralische Tat« von Heinz abgestempelt werden, sondern hatte aus dem, was zwischen den beiden Partnern vorausging, ihre innere Konsequenz. Gleichzeitig wurde beiden auch sehr deutlich: Die Außenbeziehung war ein sehr wirksamer Ausbruch aus dem Gefängnis, das sich beide gebaut hatten, was in diesem Sinn von Heinz freilich nicht bewusst beabsichtigt war.

Wie beide am Bau ihres Gefängnisses beteiligt waren, das konnten wir ebenfalls immer deutlicher in unseren Gesprächen herausarbeiten. So wurde die Untreue von Heinz für beide sichtbar als eine Chance[6], einen Neuaufbruch zu wagen, für den jeder der beiden seine spezifischen Aufgaben sah: Heinz nahm sich vor allem vor, sich in seinen Bedürfnissen deutlicher zu artikulieren, also seine Bedürfnisse innerhalb der Beziehung deutlich zu machen, anstatt seine Freiheit »draußen« zu suchen. Das wünschte sich Nicola auch sehr, denn dann spürte sie ihn und erlebte ihn damit auch ihr nahe. Sie wiederum erkannte, wie sehr sie ihn eingeengt hatte, wenn sie ihn mit allem Möglichen beschäftigte, anstatt ihm zu sagen, was sie sich eigentlich von ihm wünschte, nämlich mehr Nähe zu ihr.

Natürlich wäre der Bruch des Treueversprechens durch Heinz nicht die einzige Möglichkeit zu diesem Neuaufbruch gewesen. Eine ernsthafte Auseinandersetzung mit ihrer Beziehungsunzufriedenheit hätte »an sich« auch ohne die Außenbeziehung erfolgen können. Aber die Versuche vor allem von Nicola, diese in Gang zu bringen, waren immer wieder im Sande verlaufen, weil ihnen eine solche Auseinandersetzung, wie das häufig der Fall ist, einfach nicht gelingen wollte und weil bei beiden, auch bei Nicola, zu wenig Entschlossenheit dahinterstand. Hätte sich Heinz in dieser Situation an sein Treueversprechen wie an eine gesetzliche Verpflichtung gehalten, wären die beiden immer mehr in ihre »Einsamkeit zu zweit« geraten. Ohne sich dessen klar bewusst zu sein, war für Heinz »Treue« zu Nicola sinnlos geworden, sie hatte durch die Entwicklung der beiden ihre Grundlage verloren, nämlich die lebendige Liebe zueinander. Als durch den geschilderten Prozess ein Neuaufbruch möglich wurde, konnten sie auch ihr Treueversprechen im oben geschilderten Sinn einer ernsthaften Absicht erneuern: Die Liebe zwischen ihnen war wieder lebendig geworden. Zugleich wurde ihnen bewusst, dass sich an den Bemühungen und am Engagement beider entscheiden würde, ob dieses Treueversprechen auch tatsächlich seinen Sinn behalten oder wieder sinnlos werden würde.

4. Kapitel
Wie Beziehungen erstarren

Mit diesem Kapitel beginnen wir die Überlegung: *Was braucht das nach unserem Verständnis dargelegte Absichts-Treue-Versprechen, damit es sinnvoll wird und sinnvoll bleibt?* Wie kann es wirklich zu echter, sicherer Bindung beitragen, wie kann es die wechselseitige Liebe immer wieder anregen und unterstützen? Um diese Fragen ausreichend beantworten zu können, müssen wir allerdings zunächst etwas weiter ausholen: Wie kommt es überhaupt dazu, dass Beziehungen einen Verlauf nehmen, wie wir ihn vor allem an unserem älteren Paar Nicola und Heinz vorgefunden haben?

Die Grunddynamik in der Entwicklung von Paarbeziehungen

Menschen sind in ihrem individuellen Lebensvollzug recht unterschiedlich. In Paarbeziehungen zeigen sich solche Unterschiede vor allem in zwei Bereichen: Wie Menschen mit *Nähe zueinander und Distanz voneinander* umgehen bzw. wie sie es mit *Dauer und Wechsel* halten. Dem einen ist zum Beispiel Bezogenheit und innige Verbindung, also Nähe zum anderen sehr wichtig, dem anderen jedoch mehr der Freiraum, die individuelle Selbstbestimmung, und damit immer wieder auch die Distanz zum anderen. Und im anderen Bereich: Der eine braucht und sucht in seinem Leben vor allem Ordnung und klare Struktur, also das, was wir mit »Dauer« bezeichnet haben, er fürchtet sonst die Entstehung von Chaos. Der andere aber mag Flexibilität und Beweglichkeit, also »Wechsel«, darum hat er eher Angst davor, festgelegt zu werden und sich nicht mehr bewegen zu können.

Obwohl das so ist, brauchen wir Menschen aber auch immer beides: Der Ordnungs-Mensch braucht manchmal auch eine gewisse Flexibilität und Bereitschaft zum Wechsel, sonst droht Erstarrung, und der Wechsel-Mensch braucht auch Struktur, sonst wird sein Leben ein Sammelsurium von unzusammenhängenden Bruchstücken. Genauso im anderen Bereich: Der Nähe-Fan braucht manchmal auch den Rückzug zu sich selbst, um sich selbst wieder zu spüren, und derjenige, dem vor allem Selbstbestimmung und Distanz wichtig sind, braucht auch wieder Kontakt zu anderen, damit er nicht vereinsamt.

Immer *gehören also beide Seiten zum Leben* eines jeden Menschen dazu: Nähe *und* Distanz, Wandel *und* Dauer. Ja mehr noch: Beide Seiten, so gegensätzlich sie manchmal erscheinen mögen, sind jeweils sogar *Grundbedürfnisse eines jeden.* Nicht nur Eigenständigkeit und Distanz, sondern auch Nähe und Zugehörigkeit, nicht nur Wandel und Flexibilität, sondern auch Kontinuität und Stabilität.

Das wird vor allem deutlich am Anfang einer Beziehung, wenn sich Menschen ineinander verlieben. Zwar stimmt in gewissem Sinn auch das Sprichwort »Gleich und gleich gesellt sich gerne«, denn der eine Partner darf nicht *zu* verschieden sein vom anderen. Aber den »Kick« in Beziehungen macht meist das aus, was im anderen Sprichwort ausgedrückt wird: »Gegensätze ziehen sich an.« Natürlich dürfen diese nicht zu groß sein, sonst bleiben die beiden einander fremd. Es geht auch nicht eigentlich um »Gegensätze«, auch wenn es manchmal so scheint, es geht eher um *»Polaritäten«.* Der Nähe-Mensch sucht in Beziehungen gern den Distanz-Menschen: »Der ist ja so imponierend eigenständig! Dem kann

ich mich anvertrauen!« Er erlebt sich beim anderen gut aufgehoben – jedenfalls in der ersten Zeit der Liebe, denn dieser
Distanz-Mensch ist *seinerseits* auch fasziniert von der Art
des anderen, der ihn in eine so liebevolle Nähe hineinnimmt,
die es bisher in seinem Leben möglicherweise nicht gegeben
hat. Und ähnlich im anderen Fall: Der Dauer-Mensch verspricht dem Wechsel-Menschen Stabilität, und dieser wiederum kann diese Stabilität auch sehr genießen, weil sie ihm
Halt verspricht, den er bisher oft nicht so recht gefunden hat.
Und dieser, der Wechsel-Mensch, macht für den anderen das
Leben abwechslungsreicher, bunter und vielfältiger, als er es
bisher gekannt hat.

Wir erleben diese Polaritäten, die so entstehen, in der ersten Zeit der Liebe als *große Bereicherung unseres Lebens.* In
dieser Phase der Beziehung spüren wir es ganz konkret, dass
*diese »andere Seite« auch ein Grundbedürfnis von uns selbst
ist.* Durch den Partner erfüllt es sich jetzt in unserem eigenen
Leben. Dieses wird dadurch vollständiger, runder.

Daran wird deutlich, dass wir Menschen immer wieder »*das
Ganze« des Lebens* suchen, und gerade in der Phase, in der wir
uns in einen anderen verlieben, machen wir die faszinierende
Erfahrung, dass wir dieser »Ganzheit« des Lebens ein Stück
näher kommen, sie vielleicht sogar erreicht zu haben meinen.
»Ganzheit« ist erfüllender als »Einseitigkeit« und das erleben
wir in aller Regel, wenn uns die Liebe zum anderen erfasst
und jeweils der »andere Pol« in unserem Leben einen Platz
bekommt.

Polarität und Polarisierung

Das Problem ist allerdings: Die beglückende »andere Seite«
des Lebens, die wir in der Liebe erfahren, *wird durch die Liebe
nicht einfach unsere eigene.* Sie bleibt die des anderen. Und

wenn der Alltag beginnt, merken wir das: Der Struktur-Dauer-Mensch wird selbst nicht so flexibel wie sein Partner, und dieser, der flexible Wechsel-Mensch, tut sich doch immer wieder schwer mit Struktur und Verbindlichkeit, zum Beispiel bei gegenseitigen Abmachungen. Der Distanz-Mensch wiederum erfährt im Laufe der Zeit, dass er sich doch immer wieder auch schwer tut damit, seine Abgegrenztheit zu überwinden und auf den anderen zuzugehen. Und der Nähe-Mensch andererseits kann wenig mit sich selbst anfangen, wenn er vom anderen länger allein gelassen wird. Das heißt: Jeder bleibt für den anderen mit seiner Eigenart ein anderer. Der andere wird – bei aller Liebe – nicht zu einem Teil meines Lebens.

Ja, und es kommt noch schlimmer: Manchmal ist mir die anfangs faszinierende Eigenart des anderen nicht nur fremd, sie beginnt mir auch auf die Nerven zu gehen: Warum muss der andere, der Eigenständige, »immer« seine eigenen Wege gehen, ohne mich einzubeziehen? Warum muss der Nähe-Mensch immer das Zusammensein reklamieren? Warum legt der Ordnungs-Mensch, so großen Wert darauf, dass immer alles am selben Platz steht, warum setzt er mich auch noch unter Druck, besser aufzuräumen? Und andererseits: Warum kann sich der andere nicht an die vereinbarte Abmachung halten? Warum bleibt bei ihm alles immer wieder so im Vagen? Das heißt: Aus der faszinierenden Polarität der beiden, die uns zunächst die »Ganzheit des Lebens« nahe brachte, *entsteht ein Gegensatz.* Wir erfahren in der Anfangsliebe die Faszination der »*Polarität*«, der Ergänzung, im Alltag der Beziehung entsteht daraus oft eine belastende »*Polarisierung*«, ein Gegensatz.

Von hier auf unser Thema der Treue zurückblickend heißt dies meist: Solange ich – wie in der Verliebtheitsphase – die Polarität als Ergänzung erlebe, ist die Treue kein Problem. Die Unterschiedlichkeit ist ja gerade das, was als große Bereicherung und damit Inspiration des Lebens und der Liebe erlebt wird. Im Alltag ändert sich das mehr und mehr: Die einsetzende Polarisierung lässt Menschen die ursprüngliche Ergänzung als Gegensatz erfahren, die Partner entfernen sich voneinander. Weil sie das verhindern möchten, leisten sie Widerstand und beginnen miteinander zu kämpfen, und wenn dies keinen Erfolg zeitigt, weil jeder seine Seite dem anderen gegenüber zur Geltung bringen will, steigern sich die Kämpfe entweder zu Dauerstreit oder münden in Resignation und Rückzug.

So hat es unser zweites, das ältere Beispielpaar erlebt. Anfangs ging in der liebevollen Nähe, die Nicola herzustellen vermochte, Heinz das Herz auf. Ihre Weichheit und Zärtlichkeit faszinierten ihn vollständig. Umgekehrt hatte die Eigenständigkeit von Heinz seine Frau sehr für sich eingenommen. Er lebte ganz selbstverständlich das, was ihr oft fehlte, und mit ihm zusammen – dessen war sie sich sicher – würde auch ihr mehr Eigenständigkeit möglich. Aber es kam im Laufe der Jahre, wie es kommen musste: Heinz wurde es in den Nähe-Ansprüchen von Nicola zu eng, darum reagierte er entsprechend seinem Eigenständigkeitsmuster mit Distanzierung und Rückzug, und zwar immer öfter ohne Erklärung, ohne Kommentar. Und einige Zeit später wurde er noch radikaler, er wandte sich in seinem Rückzug nach draußen, lebte seine Eigenständigkeit außer Haus, und Nicola hatte immer mehr den Eindruck: Eigentlich lebt er draußen und nicht mehr bei mir. Den Höhepunkt in dieser Entwicklung erreichte dieser Prozess, als Heinz sich in die andere Frau verliebte und mit ihr auch Sex hatte. Der Polarisierungsprozess steigerte sich hier ins Extrem, und nun lag es offen zutage: In dieser Polarisierung zwischen den beiden konnte die Beziehung nicht mehr weitergehen. Die Beziehung war in ihrem Grundmuster Nähe – Distanz in Extreme geraten, darin erstarrt und schließlich auseinander gebrochen.

Auch bei Anne und Dominik begegnet uns ein Polarisierungsprozess, von dem wir allerdings bisher nichts erwähnt haben, weil bei den beiden das Thema der Ablösung von den Eltern noch so im Vordergrund stand. Aber auch hier spielte ein solcher Prozess eine zentrale Rolle, und zwar vor allem in einer Spielart der oben erwähnten zweiten Polarität zwischen Wechsel/Veränderung und Dauer: Dominik fühlte sich als Kind bei seiner Mutter zwar sehr gut aufgehoben, aber mit fortschreitendem Alter entdeckte er bei sich mehr und mehr das Bedürfnis nach mehr individueller Bewegungsfreiheit. Damals lernte er Anne kennen. Sie ließ sich mit ihm auf alles ein, was ihm Spaß machte und Abwechslung brachte. Und im Unterschied zu seinen vorausgehenden kurzfristigen Mädchenbeziehungen erlebte er diese Begegnung auch noch in einem anderen Sinn »anders«: Die Mädchen verschwanden wieder aus seinem Leben, die Mutter jedoch behielt die Oberhand. Mit Anne aber entstand eine Intensität der Beziehung, die er bisher nicht gekannt hatte. Und so wagte er (wohl zu rasch!) den Sprung gleichsam vom »Nichts« zum »Alles«: Statt sich Zeit zu lassen und zu sehen, wie sich die Dinge in der neuen Beziehung entwickeln würden, zog er mit Anne schon nach kurzer Zeit in die eigene gemeinsame Wohnung. Es war der Versuch, mit einem radikalen Schnitt die Loslösung von der Mutter ein für alle Mal zu schaffen. Aber unbewusst hing er eben doch noch sehr an ihr, und in gewissem Sinn nahm, wie wir schon erwähnt haben, Anne sogar auch wieder ihre Rolle für ihn ein: in ihrer bedingungslosen Hingabe an ihn, die sie ja in ihrer ständigen Sorge für den kranken Vater in den Jahren ihrer Kindheit und Jugend ihrerseits sehr gut gelernt hatte. Was sie im Unterschied zu ihrer Beziehung zum Vater an Dominik so faszinierte, war seine Lebendigkeit in ihrem Zusammensein, seine Einfälle, die er immer wieder hatte, seine originellen Ideen für die Einrichtung der gemeinsamen Wohnung oder die Gestaltung ihrer Freizeit und dergleichen mehr. Und ihm wiederum war die Verlässlichkeit und Konstanz in Annes Zuwendung ganz besonders wertvoll. Er hatte das bei seiner Mutter zwar auch erfahren, aber als »Besitzanspruch« erlebt, während für ihn die Liebe dieser jungen attraktiven Frau »etwas ganz anderes« zu sein schien. Gleichzeitig wollte er aber auf keinen Fall wieder in eine ähnliche Abhängigkeit wie von seiner Mutter geraten: Aus diesem Grund war es für ihn so wichtig, keine sexuelle Ausschließlichkeit zu vereinbaren, ein Zusammenhang, der ihm freilich nicht bewusst war. Er wollte aus seiner *kindlichen* Bindung heraus, setzte aber eine Vereinbarung bei Anne durch, die eine *erwachsene* Bindung nicht möglich machte. Denn die Bindung an Anne wurde von ihm durch seine anderen, auch sexuellen Beziehungen immer wieder relativiert. Anne machte zunächst dabei mit. Es war ja auch in ihrem Interesse – angesichts ihrer überstarken jahrelangen Inanspruchnahme durch ihren kranken Vater (der übrigens inzwischen verstorben war, wodurch sie mehr Spielraum gewonnen hatte). Aber sie merkte auch immer deutlicher, dass ihr Bedürfnis nach Konstanz in der Beziehung zu Dominik nicht erfüllt wurde, auch wenn seine wechselnden Beziehungen immer nur von kurzer Dauer waren. Hier setzte also *der typische Polarisierungsprozess ein:* das Bedürfnis nach Konstanz und Verlässlichkeit bei Anne geriet immer mehr in Gegensatz zu dem ständigen Veränderungsbedürfnis bei Dominik. Weil sie zunächst keine Möglichkeit fanden, hier einander entgegenzukommen, »mussten« sie sich – zunächst – voneinander trennen.

Ein Grundmodell von Paarentwicklung und Paarkonflikten

Immer wieder begegnen uns in Paarbeziehungen solche Entwicklungen. Die Polarität in der Verschiedenheit der Partner wird am Anfang als beglückend erlebt: als wunderbar passend, weil ergänzend zu meiner Eigenart, und durch die in der Liebe erlebte Nähe wird sie zusätzlich gleichsam auch mein »Besitz«. Dem Reichtum der »Ganzheit« des Lebens, haben wir gesagt, begegnen wir hier und sie wird gewissermaßen sogar unser eigen. Dies hat darin seine Ursache, dass beide Pole dieser Polarität Grundbedürfnisse von jedem von uns ansprechen. Und fast immer begegnen uns bei solchen Prozessen in unterschiedlichen Variationen die beiden oben dargelegten Ausprägungen, die wir mit Christoph Thomann[7] folgendermaßen schematisch darstellen:

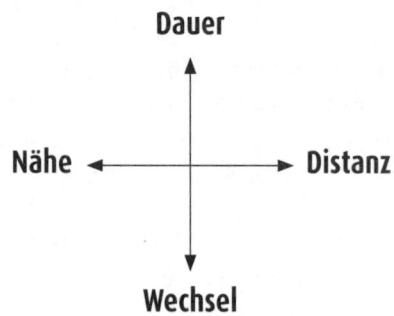

Polaritäten-Modell nach Thomann

Hier werden *die jeweiligen Pole einander gegenüber* dargestellt und damit deren polares Verhältnis anschaulich gemacht. Dabei ist zu beachten, dass jeweils mit *einem* Begriff benannt ist, was in der Realität in sehr verschiedener Ausprägung begegnen kann: Das Bedürfnis nach Nähe umfasst auch das nach Intimität, Bindung, Hingabe und dergleichen, das Bedürfnis nach Distanz auch das nach Selbstbestimmung, Abgrenzung, Eigenständigkeit, Allein-Sein und Ähnliches. Noch deutlicher ist dies bei der senkrecht dargestellten Polarität: Dauer meint nicht nur eine zeitliche Dimension, sondern auch Struktur, Ordnung, Verlässlichkeit, gleichbleibender Rhythmus usw., und Wechsel auch Flexibilität, Beweglichkeit, Abwechslung, assoziatives Denken und dergleichen mehr.

Das Schema stellt beide Dimensionen über Kreuz dar, weil beide im Leben der Menschen, und zwar in unterschiedlichen Kombinationen, eine Rolle spielen: Der eine Partner tendiert zu Nähe *und* zu Dauer, der andere eher zu Distanz und Wechsel. Oder bei einem anderen Paar sucht der eine Nähe *und* Wechsel, der andere aber legt Wert auf Dauer *und* Distanz. Die entsprechenden Polaritäten können dann auch als Diagonalen zwischen den Quadranten dargestellt werden, um diese Kombinationen in der jeweiligen Bedürfnislage zum Ausdruck zu bringen:

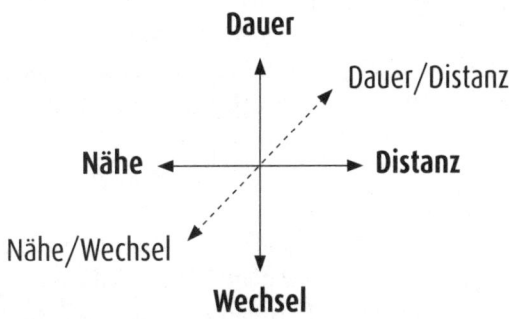

Kombination (a) der Polaritäten

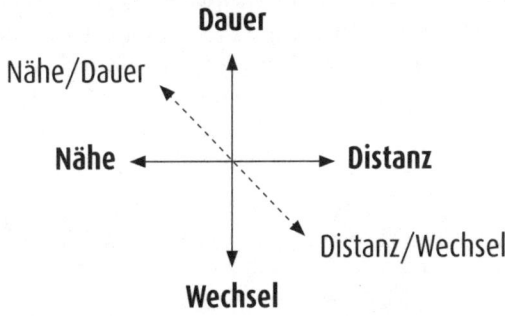

Kombination (b) der Polaritäten

Beide jeweiligen Pole, so haben wir gesagt, sind für jeden von uns Grundbedürfnisse: Das Bedürfnis nach Wechsel bzw. Flexibilität und das Bedürfnis nach Dauer bzw. Struktur, das Bedürfnis nach Nähe und das Bedürfnis nach Distanz und Eigenständigkeit. Jeder hat in seinem Leben das Bedürfnis nach beidem. Allerdings prägt es sich in den jeweiligen Charaktereigenschaften und auch durch die jeweiligen Erfahrungen in den Herkunftsfamilien unterschiedlich aus: Der eine tendiert durch solche individuellen Entwicklungen von sich aus mehr zu distanzierter Eigenständigkeit, der andere mehr dazu, bei anderen Nähe zu suchen. Dem einen ist quasi »von Natur aus« Stabilität (oben »Dauer« genannt) besonders wichtig, dem anderen dagegen Flexibilität und Veränderung (oben »Wechsel« genannt). Und dementsprechend sind auch die jeweiligen Kombinationen der Pole, die in der Diagonale dargestellt sind und der jeweiligen Beziehung bereits vorausgehen, in den Beziehungen der Partner wirksam. Das heißt zum Beispiel: Ein Nähe-Dauer-Mensch wie Anne, die junge Frau in unserem ersten Paar, tut sich gern mit einem Distanz-Wechsel-Menschen zusammen, so wie ihn ihr Partner Dominik repräsentierte, und ein Nähe-Wechsel-Mensch wie Nicola mit einem Distanz-Dauer-Menschen wie Heinz.

Das dominierende Beziehungsmuster der beiden Paare könnte man also nach unserem Modell grafisch folgendermaßen darstellen:

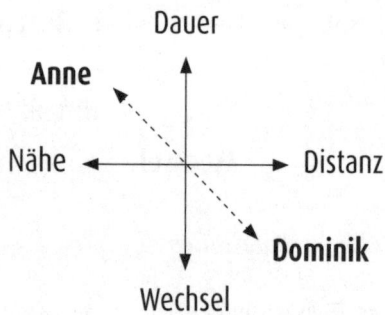

Dominierendes Beziehungsmuster von Anne und Dominik

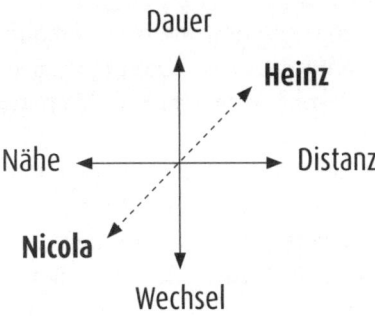

Dominierendes Beziehungsmuster von Nicola und Heinz

In der Verliebtheitsphase erleben wir gerade wegen solcher individueller »Einseitigkeiten«, dass dieses Anders-Sein des Partners auch Grundbedürfnissen von uns selbst entspricht. Wir sind fasziniert davon, weil wir dadurch gleichsam »vollständiger« werden. Das macht zum großen Teil, so haben wir gesagt, die Beglückung dieser Phase aus. Das Problem liegt allerdings darin, dass dennoch die Eigenschaft des anderen auch in einem gewissen Gegensatz zu meiner Eigenart bleibt: Nähe zu Distanz, Dauer zu Wechsel. Ähnlich ist es mit den oben beschriebenen »diagonalen« Kombinationen. Sie stehen jeweils »polar« einander gegenüber, wie es in der grafischen Darstellung zum Ausdruck kommt. Deshalb beginnt so leicht im Alltag der Beziehung *aus der Polarität eine Polarisierung zu werden*, das heißt, die Pole ergänzen sich nicht mehr, sondern geraten in Gegensatz zueinander. Die Eigenart des anderen beglückt mich nicht mehr, vielmehr beginnt sie mich zu stören: Das Distanz-Bedürfnis von Heinz wurde von Nicola immer mehr als Zurückweisung und Abwertung ihres Nähe-Bedürfnisses erlebt, und das Wechsel-Bedürfnis von Dominik in seinen sexuellen Außenbeziehungen von Anne immer schmerzvoller als Zurückweisung ihres Konstanz- bzw. Ausschließlichkeits-Wunsches. In der Erfahrung des Polarisierungsprozesses im Alltag wird also die anfangs faszinierende Eigenart des anderen nicht mehr als beglückende Ergänzung, sondern als frustrierende Fremdheit, ja als Verletzung, Abwertung, ja Kampfansage erlebt. Und hier beginnt die Forderung nach Treue problematisch zu werden.

Im Polarisierungsprozess entsteht nämlich auch noch die Tendenz, *dass beide sich immer mehr an ihrem Pol gleichsam verhärten* und ins Extrem geraten: Man verstärkt sich gegenseitig in der Gegensätzlichkeit. Je mehr der eine – desto mehr auch der andere. So verstärkte Nicola, als sie die Rückzugstendenzen von Heinz bemerkte, ihr Bemühen, ihn wieder zu mehr Nähe zu bewegen, teilweise auch mit sehr ungeeigneten Mitteln, indem sie ihn manipulierte und zu bestimmten häuslichen Tätigkeiten in ihre Nähe zwingen wollte – und Heinz begegnete dem, indem er immer öfter und mit immer weniger ausdrücklicher Abstimmung mit ihr von zu Hause »verschwand«.

Auch bei Dominik und Anne gab es Ähnliches: Je öfter Anne ihrer beider »liberale« Beziehungsabmachung infrage stellte, desto intensiver beharrte Dominik auf dieser Vereinbarung. Was am Anfang der Beziehung faszinierend erschien, wurde immer mehr zur Störung und zum Anlass oft unerquicklicher Auseinandersetzungen. In länger andauernden Beziehungen verstummen dann oft die Partner, weil einer der beiden oder beide angesichts der Ergebnislosigkeit solcher Auseinandersetzungen resignieren. So war es ja bei dem älteren Paar Nicola und Heinz, wie wir gesehen haben. In beiden Fällen blieb aber der Gegensatz bestehen, und damit erstarrte die Beziehung an den beiden Polen, und davon, dass sich die beiden in ihrer Unterschiedlichkeit ergänzen würden, konnte keine Rede mehr sein.

Das heißt: Hier wird eine Auseinandersetzung dringend nötig – mit oder ohne Therapie. Der *Gegensatz* müsste wieder aufgelöst und zu einer *Ergänzung* umgewandelt werden. Das kann sehr schwierig werden, denn die Resignation oder auch ein fast feindlich gewordenes Gegeneinander des Paares kann durch die Fixierung an den beiden Polen sehr festgefahren sein. Damit aber wird das ursprüngliche Treueversprechen – so haben wir gesehen – sinnlos oder gewissermaßen »ungültig«. Wie man solche Entwicklungen verhindern kann, darauf gehen wir in den kommenden Abschnitten ein. Davor sollen aber zur Vervollständigung der bisherigen Ausführungen noch ein paar ergänzende Bemerkungen über andere Formen der Polarisierung als die bisher beschriebenen folgen.

Andere Formen von Polarisierung

Bei anderen hier nicht erwähnten Paaren begegnen wir dem Polarisierungsprozess auch in anderen Formen, die ich jetzt noch ergänzen möchte. Eine dieser Formen besteht in einer Fixierung an einem Pol, während der andere Pol ganz aus dem gemeinsamen Leben verschwindet. Als Beispiel nenne ich hier ein Paar, bei dem beide Partner, ich nenne sie hier Hanni und Bert, im Alltag wunderbar harmonisch zusammenlebten. Sie hatten die gleichen Hobbys, waren zu gleichen Teilen berufstätig und im Haushalt aktiv, hatten nur einen, und zwar gemeinsamen Freundeskreis und machten außer ihrer beruflichen Tätigkeit fast alles gemeinsam. Man fragt sich hier natürlich sofort: Warum nur kamen die in eine Paartherapie? Der Grund war: Sie hatten seit einiger Zeit keine Lust mehr, miteinander zärtlich zu sein und miteinander zu schlafen, und das beunruhigte sie bei aller Harmonie denn doch immer mehr. Und warum hatten die beiden so nachhaltig keine Lust mehr? In ihrer Beziehung hatten sich beide auf den Pol »Nähe« fixiert, Distanz und damit Autonomie waren in weite Ferne gerückt. Die Reaktion darauf war, dass ihre Körper, was Sexualität anging, quasi »in Streik traten«.

Hier war nötig – und das gilt in ähnlichen Fällen ebenso – den fehlenden Pol wieder hereinzuholen, also in unserem Fall den Pol der Distanz, und zwar hereinzuholen ins Leben beider

Partner. Hanni und Bert brauchten mehr Abstand voneinander, mehr Autonomie in einem eigenständigen Leben: Durch Ausprägung eigener Individualität, indem sie eigenen Vorlieben mehr nachgingen, auch individuelle Freundschaften entwickelten und dergleichen mehr. Es ist ja eine wichtige Erkenntnis der Paarforschung, dass gerade Erotik und Sexualität immer auch die Betonung der Autonomie, und damit die Betonung des Poles der Distanz brauchen, damit sie lebendig bleiben oder wieder werden[8].

Schließlich kann es auch sein – und das ist die dritte Form, die wir hier noch ergänzen möchten – dass sich der Polarisierungsprozess einseitig vollzieht. Als Beispiel: Agnes und Marc waren ein Paar, beide stammten aus einem konservativ katholischen Milieu und beide waren während der ersten Zeit ihrer Ehe damit auch noch voll identifiziert. Sie verstanden sich anfangs sehr gut miteinander, weil sie sich zu diesem Zeitpunkt auf eine Art und Weise in ihren Bedürfnissen gegenseitig ergänzten, die für beide »stimmte«. Das heißt: Autonomie und Individualität war beiden nicht wichtig und auch sehr wenig ausgeprägt, weil sie ihr Leben stark von den Regeln und Konventionen ihrer übernommenen Weltanschauung bestimmen ließen. Bindung und Nähe zueinander war ebenfalls sorgfältig mit den Geboten der Kirche abgestimmt, zum Beispiel was Sexualität, Fastengebote, Sonntagspflicht usw. anging. Nie hätte hier einer den anderen, zum Beispiel beim sonntäglichen Gottesdienstbesuch »allein gelassen«. Kritisch gesprochen war individuelle Autonomie wenig ausgeprägt, und die Bindung aneinander wurde in einer sehr kindlich-abhängigen Form gelebt. Aber das war kein Problem, es »stimmte« am Anfang der Beziehung für beide.

Dann kam Marc eines Tages durch einen Berufswechsel mit anderen Menschen in Kontakt und gewann hier neue, erheblich »liberalere« Freunde. Durch die Gespräche mit ihnen lernte er neue Lebenskonzepte kennen, die bedeutend freizügiger und flexibler waren als sein eigenes bisheriges. Das faszinierte ihn und zog ihn immer mehr an. Viele Dinge, die bisher selbstverständlich für ihn waren, zog er nun in Zweifel. Bei Agnes stieß er damit aber auf totales Unverständnis. Sie fühlte dadurch ihr Familienleben mehr und mehr gefährdet, und nicht nur das: Sie sah auch immer mehr die »ewige Seligkeit« ihres Mannes bedroht. Aber ihre Gespräche brachten keine Annäherung und keine gemeinsame Entwicklung in Gang, vielmehr entfernten sie sich dadurch emotional immer weiter voneinander. Marc war in einen unaufhaltsamen Entwicklungsprozess hineingeraten, und zwar auf beiden Ebenen seiner Grundbedürfnisse: Sein Autonomiebedürfnis wurde größer und sein Bedürfnis nach Veränderung immer stärker. So erlebte er seine Ehe immer mehr als ein Gefängnis, und dieses Gefängnis musste er eines Tages verlassen, um sich selbst zu retten. Die Polarisierung bestand hier darin, dass der eine von beiden die zuerst gemeinsame Basis einer etwas kindlichen Bindung und wenig ausgeprägter Autonomie verließ und eine Entwicklung machte, die der andere weder mitvollziehen konnte, noch wollte.

Diese Form der Polarisierung begegnet uns oft dort, wo einer der Partner durch neue Kontakte, Lektüre oder bestimmte Lebensereignisse in einen Entwicklungsprozess kommt, den der andere nicht mitvollzieht und so die Basis für ein weiteres Zusammenleben verloren geht. Natürlich kann das vor allem für den »zurückbleibenden« Partner sehr schmerzvoll sein, und leider wirkt sich das häufig so aus, dass der Verlassene sich vom anderen tödlich verletzt fühlt, sich noch mehr in seiner Position verhärtet und ihm für den Rest seines Lebens grollt. Andererseits kann dieser Schmerz der Trennung auch Herausforderung für den »Verlassenen« sein, seine Position zu überdenken und einen eigenen Entwicklungsprozess zu initiieren.

Grundbedürfnisse und Lebensthemen

Fast immer finden wir bei den Paaren einen Zusammenhang zwischen solchen Polarisierungsprozessen und den Erfahrungen, die sie jeweils in ihren Herkunftsfamilien gemacht haben. Das ist bei dem eben erwähnten Paar Agnes und Marc unmittelbar deutlich, und dieser Zusammenhang wurde auch bei unserem jungen Beispielpaar Dominik und Anne sehr früh sichtbar. Die Tendenzen zu den polaren Positionen, die wir in Beziehungen einnehmen, sind so gut wie immer *in unseren frühen Erfahrungen grundgelegt*. Dominiks Veränderungsbedürfnis war eine nachhaltige Gegenreaktion gegen den starken Besitzanspruch seiner überfürsorglichen Mutter, und Anne hatte ihre Konstanz und ihre absolute Verlässlichkeit in der Fürsorge für ihren geliebten Vater gelernt und »trainiert«. Wir haben gesehen, wie sie sich zunächst auf dieser Basis zusammentaten.

Bei Heinz und Nicola, so haben wir schon erwähnt, blieb der Zusammenhang mit ihren Herkunftsfamilien mehr im Hintergrund. Aber auch hier verstanden ihn die beiden im Verlauf ihrer Therapie immer klarer: Die Familie von Heinz war keine »Bindungsfamilie«, sondern im Gegenteil eine, in der jeder mehr oder weniger allein vor sich hin lebte. Weder bei Vater noch bei Mutter hatte Heinz starke Zuwendung erlebt, obwohl äußerlich von den Eltern alles bereitgestellt wurde, was er zum Leben brauchte. Aber eine emotionale Beziehung war für ihn kaum spürbar. So war es kein Wunder, dass ihm anfangs gerade die intensive Nähe, die Nicola herzustellen wusste, ungemein guttat. Sie schien ein großes Loch in seiner Seele zu füllen. Sie sprach ja eine Seite in ihm an, die bisher vernachlässigt worden war. Allerdings hatte er als Kind kaum gelernt, von sich aus dem anderen Nähe zu geben. Dies wäre allerdings auf die Dauer mit Nicola nötig geworden – im Sinne eines ausgeglichenen Gebens und Nehmens. Doch nach dem ersten Liebesrausch verschloss er sich immer mehr und zog sich zurück auf das sichere Feld seines Allein-Seins. Nicolas Lebensthema dagegen war »Nähe herstellen.« Das hatte wiederum sie in Bezug zu ihrem Vater gut gelernt, weil dieser ähnlich gehemmt darin war – ähnlich wie Heinz. Wenn sie lieb zum Vater war, das hatte sie gespürt, das tat ihm so gut, und dafür wurde sie auch von ihrer Mutter gelobt, die selbst große Mühe hatte, an ihren Mann heranzukommen. Die Tochter hingegen konnte sein Herz öffnen … So wollte sie es auch bei Heinz machen, nur hier scheiterte sie im Alltag der Beziehung – so wie es in ähnlichen Konstellationen oft passiert.

Wir haben für diese unterschiedlichen Grundorientierungen im Leben, die hier entstehen, bereits den Begriff *»Lebensthema«* gewählt, denn sie tauchen in den späteren Erfahrungen unseres Lebens gleichsam als Grundmotiv immer wieder auf und beeinflussen unser Handeln, besonders in Beziehungen, die für uns sehr wichtig sind. Und zweifellos ist nach der Beziehung zu unseren Eltern in der Kindheit die Paarbeziehung unsere wichtigste. Kein Wunder, dass hier vor allem unsere Lebensthemen wieder aktiviert werden und uns stark beeinflussen.

Dabei ist es nicht in allen Fällen so, dass wir in der Paarbeziehung die ähnliche polare Position einnehmen, wie wir sie in der Herkunftsfamilie besetzt haben. Bei Dominik war es gerade die *gegenteilige Position*: Der Besitzanspruch seiner Mutter und die besonders enge Beziehung, die sie auch noch in seiner Pubertät aufrechtzuerhalten suchte, trieb ihn dazu, besonders intensiv Veränderung zu suchen und immer wieder auch Distanz in Beziehungen herzustellen, und dies kam vor allem mit Anne zum Tragen. Anne dagegen behielt in der Beziehung zu Dominik *die gleiche Position* der verlässlichen und konstanten Nähe bei, die sie ihrem Vater gegenüber eingenommen hatte. Der in der Paarbeziehung vom Partner besetzte Pol kann also die *Wiederholung* der kindlichen Rolle in der Herkunftsfamilie sein, oder gerade ihr *Gegenteil*. In beiden Fällen aber hat die Tendenz zu diesem Pol mit den Erfahrungen in der Herkunftsfamilie zu tun, und in beiden Fällen wird sie zum jeweiligen Lebensthema des einzelnen, das ihn in jeder engen Beziehung beeinflusst.

Dabei bleibt aber trotzdem bestehen: Auch das jeweils »gegenteilige« Bedürfnis bleibt für jeden der beiden Partner auch sein eigenes. Auch der Nähe-Bedürftige braucht – jedenfalls manchmal – Distanz vom anderen und Raum für sich selbst, und umgekehrt: Auch im Distanzierten lebt die Sehnsucht nach Nähe – wie sich besonders deutlich in Phasen der Verliebtheit zeigt – auch wenn er diese Nähe von sich aus kaum herzustellen imstande ist. Und ebenso ist es bei der anderen Grundpolarität: Auch der bewegliche Wechsel-Mensch braucht Konstanz und Dauer, damit er nicht ins Chaos versinkt, und der Dauer-Mensch braucht auch Beweglichkeit und Wechsel, um nicht zu erstarren. Bei jedem noch so extremen Vertreter des einen Pols ist auch das Bedürfnis, die *Sehnsucht nach dem anderen Pol* vorhanden, wie wir unter dem Stichwort »Ganzheit« bereits erwähnt haben. Dies ist die Grundlage dafür, dass – auch bei noch so extremer Ausprägung des jeweiligen Pols beim Einzelnen – immer Veränderung möglich bleibt: Was der andere lebt, ist – obwohl es mir oft als extremer Gegensatz erscheint – auch eine Seite von mir, die mir zugänglich ist, die ich um meiner eigenen Ganzheit, und damit persönlichen Reife willen, stärker entwickeln *sollte*. Die Distanzbestrebung des anderen zu akzeptieren, ist also für den Nähe-Bedürftigen nicht nur ein Entgegenkommen an den Partner und ein Verzicht auf eigene Nähe-Wünsche. Es tut auch ihm selbst, dem Nähe-Bedürftigen gut, wenn er dem anderen seine Eigenständigkeit lässt, dann entsteht auch für ihn Raum, seine Eigenständigkeit zu leben und sie auf diesem Weg mehr zu entwickeln. Und ebenso ist es bei der anderen Grundpolarität von Wandel und Dauer.

Das wurde sehr deutlich in unseren Beispielen: Weil Anne ihr wachsendes Bedürfnis nach Nähe und Konstanz nicht mehr erfüllt sah, ging sie sozusagen zum extremen Gegenteil ihres Nähe-Pols über: Sie ging auf Distanz und trennte sich von Dominik. Dadurch aber begann dieser gerade auch *sein* Bedürfnis nach Nähe zu Anne zu spüren und ergriff eine neue Initiative, um wieder mit ihr zusammenzukommen. Und so erreichten beide ein neues Stadium ihrer individuellen Entwicklung: Anne gewann mehr Autonomie und Dominik spürte bei sich das Bedürfnis auch nach Verbindlichkeit. Dies machte es möglich, sich gegenseitig auch verbindliche Treue zu versprechen.

Und ähnlich bei Nicola und Heinz: Durch den Treuebruch von ihm und die Erfahrung der innigen Nähe zu seiner Geliebten, entdeckte unser Distanz-Mensch Heinz plötzlich wieder, was ihn einst mit Nicola so innig verbunden und ihm so gutgetan hatte. Weil er in diesem Zusammenhang darum nicht nur totale Veränderung durch Trennung von Nicola wollte, sondern auch sein Bedürfnis nach Dauer mit ihr entdeckte, wandte er sich ihr wieder zu und war bereit, sich auf das einzulassen, was ihr so wichtig war: Nähe herzustellen durch Auskunft geben über sein Innenleben und so mehr von seinem »Herzen« zu zeigen, statt einfach in die auch äußere Distanz zu verschwinden. Das wiederum wurde ihm möglich, weil Nicola bereit war, die schwere Verletzung ihres Nähe-Bedürfnisses durch seine Betrügerei zu verzeihen. Dieses Verzeihen war ein autonomer Akt, durch den sie Heinz gegenüber wieder eine größere Eigenständigkeit gewann und der ihr ein neues Zugehen auf ihn ermöglichte.

So gegenteilig also die Grundbedürfnisse in Paarbeziehungen erscheinen, so sehr die jeweils von dem einen und dem anderen besetzten Pole auseinanderklaffen, so sehr gilt auch: Der andere Pol, den der Partner besetzt und mit dem er mich oft ärgert und enttäuscht, entspricht *auch* einer Seite von mir, die es bei mir wieder zu entdecken und auf meine Weise zu entwickeln gilt. Hier zeigt sich ein wirksamer Weg, wie entstandene »Polarisierungen«, wie wir es genannt haben, und damit auch harte und erstarrte Paarkonflikte überwunden werden können. Wir kommen später darauf zurück.

5. Kapitel
Das Wesen von Paarkonflikten

Die Schlussfolgerung aus den letzten beiden Kapiteln kann nur lauten: Damit das Treueversprechen verbindlich und das Treueverhalten zwischen Partnern sinnvoll bleibt, muss die Liebe zwischen ihnen lebendig bleiben. Diese bleibt aber nur lebendig, wenn sie nicht unter den Konflikten der beiden begraben wird. Und begraben wird sie nur dann nicht, wenn Polarisierungsprozesse, wie wir sie oben am ausführlichsten an unseren zwei Beispielen erläutert haben, nicht in Extremen erstarren, sondern es den Partnern immer wieder gelingt, anstatt sich gegenüber dem anderen zu verschließen oder dessen Position zu bekämpfen, auf ihn zuzugehen. So kann *die Polarisierung in Gegensätze hinein wieder in eine fruchtbare, anregende und flexible Polarität bzw. »Balance« umgewandelt* und die Liebe wieder zum Leben erweckt werden. Wie das ganz konkret gehen kann, darauf gehen wir im nächsten Kapitel ein. Zuvor müssen wir aber noch – als Grundlegung dafür – die Frage beantworten: Worin bestehen – ganz allgemein gesprochen – Paarkonflikte eigentlich?

Paarkonflikte sind Polarisierungsprozesse

Bestehen denn Paarkonflikte immer in solchen Polarisierungsprozessen, wie die bisherigen Ausführungen nahezulegen scheinen? Und kann man denn immer »Konfliktlösung« mit (Wieder-)Herstellung von »Balance« und »flexibler Polarität« gleichsetzen? Es gibt doch so viele verschiedene Arten von Konflikten, die Paare in heftige Krisen bringen und den

Gedanken an Trennung wecken! In der Tat: Konflikte sind vielfältig. Aber, wenn wir genauer hinschauen oder hin- »fühlen«, machen wir immer wieder die Erfahrung: *Sie sind einer der beiden oben erläuterten Grundpolaritäten Distanz und Nähe, Dauer und Wechsel zuzuordnen.*

Denn man muss beachten: Innerhalb dieser Polaritäten gibt es zwar die unterschiedlichsten Variationen, aber so gut wie immer lassen sie sich als eine Form der Polarisierung innerhalb einer der beiden Grundpolaritäten erkennen – vor allem dann, wenn es sich um ernsthafte Konflikte handelt, die sich verhärtet haben und die das Paar mehr und mehr voneinander zu entfremden drohen.

Um nur einige Beispiele zu nennen: Das Bedürfnis nach Nähe kann sich als Bedürfnis nach Streicheln, Kuscheln, Sexualität zeigen oder aber sich vor allem im geistigen Bereich äußern: als Wunsch nach intimen Gesprächen und anregendem Austausch, zum Beispiel über interessante Bücher. Das Bedürfnis nach Distanz kann sich zeigen im häufigen Wunsch nach Eigenständigkeit, oder auch in förmlicher »Flucht« vor dem anderen aus Angst, von ihm festgehalten, ja »verschlungen« zu werden. Das Bedürfnis nach Wechsel kann sich im Bedürfnis nach Flexibilität im zeitlichen Ablauf des Zusammenlebens äußern oder in einer »instinktiven« Abneigung gegenüber festgelegten Regeln, die der andere setzen möchte. Das Bedürfnis nach Dauer wiederum kann als Vorliebe für Struktur und Ordnung erscheinen, oder als Skepsis bzw. Ablehnung gegenüber neuen Einfällen für die Gestaltung der Beziehung.

Entsprechend diesen Unterschiedlichkeiten stellen sich auch die Polaritäten oder Polarisierungen in der Beziehung zueinander dar: Reger Austausch im intimen Gespräch (Nähe) – Rückzug und Vermeidung von solchen Situationen, in denen der Partner (wahrscheinlich) dieses Bedürfnis äußert (Distanz). Oder: Bedürfnis nach Gestreichelt-Werden (Nähe) einerseits, und andererseits der Wunsch, durch »sachliches« Gespräch den nächsten Tag zu planen (Distanz). Oder: Bedürfnis nach der immer gleichen Ordnung in der Wohnung (Dauer) des einen, von Zeit zu Zeit die Möbel umräumen »müssen« beim anderen (Wechsel). Oder: Wunsch, jedes Jahr zur gleichen Zeit an den gleichen Ferienort zu fahren (Dauer) gegenüber dem starken Impuls, den Ferienort immer wieder zu wechseln (Wechsel). Die Polaritäten und ihre Erstarrung in Polarisierungen lassen sich also, wenn wir genau hinschauen und nachfühlen, immer wieder zurückführen auf die beiden beschriebenen Grundbedürfnisse Nähe – Distanz und Dauer – Wechsel oder auch auf deren – in der Grafik oben in der Diagonale dargestellte – jeweilige Kombinationen, Distanz – Dauer gegenüber Nähe – Wechsel, oder Distanz – Wechsel gegenüber Nähe – Dauer. Es ist sehr hilfreich, das immer wieder zu erkennen, weil wir für nötige Veränderungen auf diese Weise eine größere Klarheit gewinnen.

Verhärtung an extremen Polen

An den aufgeführten Beispielen wird außerdem noch etwas Wichtiges deutlich: Die Grundpositionen zeigen sich, vor allem wenn Paare im Konflikt miteinander leben, nicht selten in einer Negativ- oder sogar *negativen Extrem-Form*: »Vom anderen ja nicht festgelegt werden« (Bedürfnis nach Wechsel – Eigenständigkeit) oder »Den anderen immer wieder festlegen wollen« (Bedürfnis nach Dauer – Nähe). Oder: »Am anderen ängstlich klammern« (Bedürfnis nach Nähe – Dauer) und: »Den anderen brüsk abweisen« (Bedürfnis nach Distanz – Wechsel). Oft werden also Grundbedürfnisse des Partners vom anderen in dieser Negativ-Form erlebt und darum kritisiert. Hier ist es für den Betreffenden selbst und noch mehr für seinen Partner wichtig, dass er sich immer wieder fragt: Was steckt trotzdem an positivem und damit auch nachvollziehbarem Grundbedürfnis hinter einem solchen Verhalten?

Dann wird es leichter, sein eigenes Verhalten und das des anderen positiver zu sehen, mehr Verständnis für ihn und sich selbst aufzubringen und dem Partner auch mehr entgegenzukommen.

Um es wieder an unseren beiden Beispielen zu erläutern: Dominiks wechselnde sexuelle Beziehungen wurden von Anne immer häufiger als Unfähigkeit seinerseits erlebt, sich überhaupt zu binden und verbindliche Nähe zuzulassen, und Dominik erlebte Annes Beschwerden darüber immer mehr als den Versuch, ihn in seiner Bewegungsfreiheit einzuschränken und festzuhalten. Erst die Einsicht Annes in das Grundbedürfnis Dominiks nach Veränderung/Wechsel ermöglichte ihr, diese Seite von ihm auch positiver zu sehen und als die Äußerung eines wichtigen Grundbedürfnisses zu werten. Und den Ausbruch von Heinz in die Außenbeziehung lernte Nicola allmählich als Äußerung seines Distanz-Bedürfnisses zu sehen. Und es gelang ihr auch mehr und mehr, diese seine im Vergleich zu ihr stärkere Tendenz zu Eigenständigkeit als wichtig für sich selbst und ihre Entwicklung zu entdecken. Was ihr dabei half, war natürlich, dass sie durch ihr Studium und das Aufnehmen einer eigenen Berufstätigkeit auch an sich selbst die Wichtigkeit und das Positive dieser Tendenz zur Eigenständigkeit erfahren konnte.

So ist es häufig: Wenn ich sehe, dass es sich beim eigenen Verhalten oder auch dem des Partners – auch wenn es mich noch so ärgert und ich es bei mir oder bei ihm weghaben will – um die Verwirklichungsweise eines durchaus wichtigen Grundbedürfnisses handelt, werde ich positiver gestimmt und bekomme für mich bzw. den anderen mehr Verständnis. Und Verständnis ist immer die bessere Voraussetzung für Veränderung als Ablehnung. Außerdem kann ich dabei auch noch entdecken: Was der Partner hier besonders, ja oft übertrieben und ins Negative gekehrt, in seinem Verhalten akzentuiert, entspricht sogar einem Grundbedürfnis von mir selbst, das ich vielleicht oft vernachlässige. Nähe *und* Distanz, Dauer *und* Wechsel: Beides muss es auch in meinem eigenen Leben geben, ja wahrscheinlich habe ich mich in den anderen sogar deshalb verliebt, weil er diese »andere Seite« in mein Leben hinein zu bringen und mich damit vollständiger zu machen versprach. Freilich wird jetzt auch deutlich: Ich selbst werde nur »vollständiger«, wenn es mir gelingt, diese »andere Seite« auch in meinem eigenen Leben stärker zu entwickeln, und sie nicht nur meinem Partner überlasse. Wir werden im nächsten Kapitel nochmals darauf zurückkommen.

Drei Typen von Konfliktentwicklung

In den letzten Abschnitten haben wir uns damit befasst, wie man ernsthafte Paarkonflikte in Beziehungen verstehen kann: Als Polarisierung der beiden Partner in polare Gegensätze und als Erstarrung in diesen gegensätzlichen Positionen. Dabei sind immer wieder drei Grundformen von Konfliktentstehung festzustellen. Diese sollen nun hier kurz erläutert werden.

Symmetrische Polarisierung

In den häufigsten Fällen entwickeln sich die Partner beidseitig »auseinander«. Das Grundbedürfnis nach Eigenständigkeit entwickelte sich zum Beispiel bei Heinz immer mehr dazu, sich »nach draußen« zu wenden. Das Nähe-Bedürfnis von Nicola wiederum steigerte sich nach einer Phase, in der sie Heinz durch Zureden in ihrer Nähe halten wollte, zu manipulativen Festhalte-Strategien und »kippte« schließlich – was oft zu beobachten ist – in Resignation, mit ihrem Anliegen überhaupt erfolgreich zu sein. Bei Anne wiederum führte das Bedürfnis nach Konstanz und Verlässlichkeit zu immer häufigerer Kritik an Dominik und zur Abwertung seines Verhaltens anderen Frauen gegenüber, was diesen nur immer mehr darin bestärkte, sein Bedürfnis nach Wechsel und Veränderung in der Ablehnung von Annes Wünschen zu behaupten. In beiden Fällen besteht der Konflikt also darin, dass sie sich in ihrer jeweiligen Grundposition, die sie in der Beziehung vertreten, quasi symmetrisch immer mehr verhärten.

Einseitige Polarisierung

Die zweite Möglichkeit der Konfliktentwicklung haben wir oben nur kurz erwähnt – bei Agnes und Marc, dem Paar aus dem extrem konservativen Milieu (S. 60 f.). Hier bestand die Konfliktpolarisierung darin, dass der Mann durch berufliche Außenkontakte »einseitig« in einen intensiven Entwicklungsprozess geriet, während seine Frau einfach da blieb, wo sie am Anfang der Beziehung war, weil sie eine Entwicklungsnotwendigkeit ihrerseits weder sehen konnte, noch wollte. Hier verläuft die Entwicklung asymmetrisch: Nur einer entwickelt sich, der andere bleibt stehen.

Fehlen eines der beiden Pole

Die dritte Art von Polarisierung, die uns allerdings, jedenfalls in der Paartherapie, viel seltener begegnet, haben wir oben (S.59 f.) ebenfalls schon erwähnt: bei Hanni und Bert, dem Paar, das sich in fast allem klaglos verstand und innig verbunden war, und bei denen das Problem ihre völlig erstorbene Sexualität war. Hier bestand der Konflikt gewissermaßen in der Konfliktlosigkeit, in der sich ein Mangel an beidseitiger Eigenständigkeit zeigte. Allerdings äußerte sich diese »Konfliktlosigkeit« darin, dass sich jegliche Lust aufeinander aus ihrer Beziehung verabschiedet hatte, was sie dann doch sehr beunruhigte und weshalb sie zur Paartherapie kamen. Die Polarisierung bestand hier darin, dass beide einseitig am Pol der Nähe »festhielten«, der Pol der Distanz und damit der Autonomie aber beiden immer ferner rückte.

Wir werden uns im Folgenden hauptsächlich mit der ersten, weil häufigsten Form der Konfliktentwicklung befassen, nämlich wenn Paare sich beidseitig, also gleichsam symmetrisch auseinander entwickeln. Dafür sollen die konkreten Schritte im Beziehungsalltag zum konstruktiven Umgang mit solchen Konfliktkonstellationen aufgezeigt und deren Zusammenhang mit Treue in Beziehungen deutlich gemacht werden.

6. Kapitel
Das Treueversprechen und die Paarkonflikte

Konflikte sind normal und notwendig

Bevor ich im zweiten Teil dieses Buches auf die angekündigten konkreten Schritte im Zusammenleben der Paare eingehe, die ein Treueversprechen braucht, um wirksam und sinnvoll zu bleiben, möchte ich noch von einer wichtigen, weil einzig realistischen Grundhaltung gegenüber Konflikten in Paarbeziehungen sprechen, die den Umgang mit diesen und auch deren Lösung sehr erleichtert. Wenn eine Liebesbeziehung beginnt, erleben wir sie, jedenfalls relativ häufig, fast als »ewige Seligkeit«: Sie ist das, was wir immer schon innigst herbeigewünscht haben, und dieser Mann, diese Frau scheint unsere geheimsten Sehnsüchte zu ahnen und zu erfüllen, ja und ich selbst erlebe mich in der Beziehung zum anderen als fähig zu einer Hingabe, die mir bisher nicht möglich war und die mich ebenfalls mit einem tiefen Glücksgefühl erfüllt. Zudem gehen Verliebte meist davon aus, dass es in der weiteren gemeinsamen Geschichte auch so bleiben wird.

Alle Leserinnen und Leser dieses Buches werden aber die Erfahrung gemacht haben, dass dies leider nicht so ist. Spätestens dann, wenn der Alltag des Paares begonnen hat und man den anderen täglich trifft und mit ihm zusammen Zeit verbringt, erlebt man auch die andere Seite: Der andere entspricht nicht voll meinen tiefsten Sehnsüchten, er hat Eigenschaften, die mich befremden, ja ärgern, und ich erlebe im Kontakt zu ihm/zu ihr auch an mir Seiten, die mir gar nicht gefallen und von denen ich – wenn ich ehrlich zu mir bin – sagen muss, dass sie die Beziehung unnötig stören. Damit folgt immer auf die Phase der Verliebtheit im Alltag eine gewisse Ernüchterung. Und hier muss ausdrücklich gesagt werden: *Das ist ein normaler Prozess, der von allen auf Dauer zusammenlebenden Paaren erlebt wird.* Auch dass daraus Konflikte mit dem einst so vergötterten Partner entstehen, ist normal. Ich habe jedenfalls noch kein Paar – auch keines außerhalb eines therapeutischen Zusammenhangs – erlebt, bei dem es auf die Dauer konfliktfrei gelaufen wäre.

Aber noch mehr: Konflikte sind nicht nur normal, *Konflikte sind auch notwendig.* Warum ist das so? Beziehungen faszinieren uns am Anfang dann, wenn wir den anderen anders, in dieser polaren Andersartigkeit, aber als wunderbar ergänzend erleben. Damit sitzen wir aber oft der doppelten Illusion auf, der andere wäre darin *nur* ergänzend und durch ihn würde diese andere Seite auch zu meiner eigenen. Mehr und mehr wird dies in der weiteren Entwicklung als Illusion deutlich. Die spezielle Fähigkeit des Partners, in der Beziehung zu mir Nähe herzustellen, wird *nicht* zu meiner: Ich erlebe mich im Vergleich zum anderen darin oft sogar als ziemlich unfähig. Und: Die Art und Weise, *wie* er im Alltag diese Nähe zu mir herstellen will, zum Beispiel durch viel Erzählen und häufige Fragen, wirkt oft nicht mehr ergänzend, sondern auch irritierend und störend auf mich. Ähnlich ist es auch bei der anderen Polarität: Was der eine am anderen zunächst wunderbar flexibel erlebte, wird im Alltag für ihn ärgerliche Unzuverlässigkeit , und was der andere als Klarheit und darin an Halt am anderen erlebte, wird für ihn auf die Dauer Pedanterie und Kleinlichkeit.

Es kann sein – und geschieht häufig –, dass ich mich deshalb ärgere und den anderen zu kritisieren beginne, was bei diesem die entsprechenden Gegenreaktionen hervorruft – und schon setzt der konflikthafte Polarisierungsprozess ein, von dem wir gesprochen haben. Das ist natürlich einerseits unangenehm.

Aber andererseits kann es auch, wenn ich es nutze, *zu einer gesunden Herausforderung werden*, nämlich zur Herausforderung zu mehr Toleranz und *Akzeptanz* dem bleibenden Anders-Sein des anderen gegenüber *und* eine Herausforderung zur *Weiterentwicklung* meiner eigenen Einseitigkeit zu mehr »Vollständigkeit«: Denn damit bekomme ich sehr konkret am Partner *den anderen Pol auch meiner Polarität* in den Blick: Mir als Nähe-Mensch wird die eigene Notwendigkeit, durch Distanz auch mehr Autonomie zu entwickeln (und umgekehrt), deutlich. Und mir als Wechseltyp wird nahegebracht, die Heilsamkeit des Dauer-Pols auch für mich zu sehen (und umgekehrt).

Konflikte sind also deshalb nicht nur normal, sondern auch notwendig: Sie signalisieren den wechselseitigen Veränderungsbedarf und verhindern so das Erstarren von Beziehungen im Alltagstrott. Hier wird das etwas abgedroschene Wort von der *»Krise als Chance«* durchaus sehr aktuell und wichtig, sowohl für unsere eigene Entwicklung als auch die unserer Beziehung.

Nochmals ein Blick auf die beiden Paare

Wenn wir unter diesem Blickwinkel – »Konflikte sind normal und notwendig« – auf unsere beiden Paare Anne und Dominik, Nicola und Heinz schauen, ist festzustellen:

Bei Anne und Dominik

Die »liberale Beziehungsvereinbarung« zwischen Anne und Dominik diente in einem wesentlichen Punkt der *Konfliktvermeidung*. Zum Zeitpunkt, da sie zusammenzogen, waren die beiden noch in einer solchen Abhängigkeit von Mutter (Dominik) bzw. Vater (Anne), dass ihre Beziehung eher ein adoleszentes »Übungsfeld« für Ablösung von Mutter und

Vater war als eine erwachsene Angelegenheit. Das heißt aber, dass beide noch nicht reif dafür waren, eine eigenständige, erwachsene Beziehung zu führen. In ihrer Vereinbarung der sexuellen Freizügigkeit, die ja dokumentierte, dass sie sich nicht wirklich »verbindlich« füreinander entscheiden wollten, kam dies – beiden zunächst unbewusst – zum Ausdruck. Gleichzeitig aber – durch ihr Zusammenziehen in eine eigene Wohnung – signalisierten sie doch wieder den Wunsch nach echter Verbindlichkeit. Ein Treueversprechen wäre hier zu früh gewesen – , aber dann hätten sie sich auch noch nicht für ein gemeinsames Leben im Alltag entscheiden dürfen. So war ihre Beziehung einerseits nicht mehr die einer adoleszenten »Probierphase«, aber andererseits auch nicht in einem erwachsenen Stadium, in dem die Partner den Alltag mit allen Konsequenzen und daraus entstehenden Konflikten miteinander zu bestehen bereit sind. Sie versuchten, beides zugleich zu haben: Eine verlässliche, sichere Beziehung und gleichzeitig eine ohne wirkliche Verbindlichkeit. Das konnte nicht gut gehen, das spürte vor allem Anne immer deutlicher. Konsequenterweise gab es in der Beratung deshalb zunächst für sie keine andere Lösung als die Trennung, die sich im weiteren Verlauf allerdings als gute Voraussetzung für einen neuen Schritt aufeinander zu und das Eingehen echter Verbindlichkeit mit allen, auch konflikthaften Konsequenzen des gemeinsamen Lebens erwies.

Bei Nicola und Heinz

Bei Nicola und Heinz lag die Sache insofern anders, als die beiden sich die Treue bereits versprochen und sich auch auf ein gemeinsames Leben mit allen Konsequenzen, also auch allen daraus resultierenden Konflikten eingelassen hatten. Aber dann setzte eine Paarentwicklung ein, wie sie in Beziehungen, die auf Dauer angelegt sind, sehr oft zu beobachten ist, nämlich die Entwicklung zu einer *Konfliktverhärtung*: Die beiden erstarrten immer mehr an den »neuralgischen Punkten« ihres Zusammenlebens, und zwar so, wie wir es oben beschrieben haben: Durch immer stärkere Polarisierung von Nähe-Bedürfnis (bei Nicola) und Distanz-Bedürfnis (bei Heinz). Auch dass Nicola im Laufe der Zeit ihre Versuche, wieder zu einer flexiblen Balance dieser ihrer Bedürfnisse zu kommen, einstellte und resignierte, ist typisch: Eine Trennung wollte sie, wie viele Partner in einer solchen Situation, nicht. So blieb ihr nichts anderes übrig, als zu resignieren und »irgendwie« damit zu leben. Sie hielt an der Beziehung fest, obwohl sie eigentlich keinen Sinn mehr darin sah. Auch Heinz machte es so, wurde aber Nicola »untreu«. Er zeigte damit – allerdings ebenfalls unbewusst – an, dass eine Veränderung der Situation nötig war: Er kündigte die verbindliche Treue auf. Damit tat er etwas, das einem Neustart der Beziehung unter neuen Voraussetzungen durchaus zugute kam. Hätte er das Treueversprechen, weil er es ja gegeben hat, »bis der Tod uns scheidet«, eingehalten, wäre die Beziehung wohl weiter erstarrt und zu einer von zwei »intimate strangers«, zwei eng zusammenlebenden, aber seelisch »Fremden« geworden.

Trotz dieser und vieler ähnlicher Verläufe haben wir oben gesagt: Verbindliche Treue entspricht dennoch dem grundlegenden Bedürfnis von uns Menschen nach sicherer Bindung, das wir nicht nur in der Kindheit, sondern unser ganzes Leben hindurch erfüllt wissen wollen. Treue ist also höchst sinnvoll und nötig einerseits – und oft auch sinnlos andererseits. Wie ist das zusammenzubringen? Nur in dem Bemühen, haben wir gesagt, die Liebe lebendig zu halten und immer wieder zu verlebendigen. Und wir haben gesagt: Die Liebe bleibt nur dann lebendig, wenn wir Polarisierungsprozesse zu verhindern oder wieder rückgängig zu machen verstehen und in eine lebendige, dynamischen Polarität verwandeln, die uns die Bewegung in beide Richtungen ermöglicht, ohne uns an einem Pol zu fixieren. Damit dies aber überhaupt möglich wird, braucht es als erstes, dass die Partner eine verbindliche Entscheidung treffen, miteinander ein Paar sein zu wollen, also jene Entscheidung, die Anne und Dominik zunächst mit ihrer »liberalen« Sexualitäts-Vereinbarung vermeiden wollten.

Sich füreinander entscheiden und sich aufeinander einlassen

Der Grund für diese letzte Aussage: Nur mit einer solchen Entscheidung werden die Partner dann mit jenen konflikthaften Situationen so konfrontiert sein, dass sie sich damit ernsthaft auseinandersetzen und ihr Treueversprechen immer wieder im Alltag »einlösen«. Denn, so haben wir gesehen, zu der Entscheidung, ein Paar auch im Alltag sein zu wollen, gehört diese Verbindlichkeit, die auch sexuelle Treue als ernsthafte Absicht mit einschließt.

Wie an der sinkenden Zahl der Eheschließungen deutlich wird, vermeiden immer mehr junge Frauen und Männer diesen Schritt in der heutigen Zeit, ja sie gehen in der Mehrzahl nicht einmal so weit wie Dominik und Anne, die ja immerhin bereits zusammengezogen waren. Oft leben sie sogar noch zu Hause oder haben hier jedenfalls noch ihren Hauptwohnsitz, haben wechselnde sexuelle Beziehungen, aber entscheiden sich nicht für die eine Partnerin, den einen Partner. Es kommt nicht zu der klaren Aussage: »Mit dir will ich leben. Wir wollen ein Paar sein!« Sie bleiben, was Beziehungen angeht, in der adoleszenten »Probierphase« und schieben deren Ende immer weiter hinaus.

Warum ist das so? Es hat wohl eine ganze Reihe ineinander verwobener Ursachen[9]. Um hier nur einige Aspekte zu nennen: Im Unterschied zu früheren Zeiten wird die Partnerwahl heute immer ausschließlicher aufgrund individueller Bedürfnisse des Einzelnen getroffen. Es geht immer weniger darum, ob die beiden möglichen Partner der sozialen Schicht nach zusammenpassen, es geht auch kaum noch darum, ob die Vermögensverhältnisse »stimmen«, und die Eltern haben bei der Partnerwahl kaum noch etwas mitzureden, geschweige denn wie früher zu bestimmen, wer mit wem das weitere Leben verbringen wird. Immer ausschließlicher entscheidend ist allein die Frage für den jungen Mann, die junge Frau: Lieben wir uns so, dass diese Liebe für ein gemeinsames Leben ausreicht? Zur Beantwortung dieser Frage wird aber immer seltener die eigene Intuition, das eigene »Gespür« befragt oder darauf vertraut. Das wird oft dadurch erschwert oder unmöglich gemacht, dass es heutzutage unbegrenzt viele Möglichkeiten gibt, Beziehungen »auszuprobieren«. Der Heirats- und Beziehungsmarkt ist unabsehbar groß geworden und durch das Internet für alle mühelos zugänglich. Die unbegrenzte Zahl der Wahlmöglichkeiten schafft immer wieder die Unsicherheit: »Ist er/sie wirklich der/die Richtige? Möglicherweise gibt es da jemanden, den ich noch viel mehr lieben und der mich viel mehr lieben könnte?! Wenn ich mich jetzt entscheide, woher weiß ich denn, dass es nicht genau das Falsche ist und mir unmittelbar danach jemand begegnet, der viel besser zu mir passt?«

Junge Männer tun sich im Vergleich zu den Frauen – so ist zu beobachten – noch erheblich schwerer, sich verbindlich festzulegen. Dafür scheint eine Geschlechter-Ungleichheit eine große Rolle zu spielen, die aus den zwei folgenden Gegebenheiten resultiert: Einmal sind die Attraktivitätsideale von Männern und Frauen verschieden. Während bei den Männern lediglich das »junge sexy Mädchen« als attraktiv gilt, kann bei den Frauen neben dem »jungen starken Kerl« durchaus auch »der reife Mann mit den grauen Schläfen« sehr anziehend wirken. Männer haben darum länger die Möglichkeit, attraktive (weil jüngere) Frauen zu wählen, während die Frauen wegen ihres früheren Verlusts an Attraktivität auch früher befürchten müssen, »keinen mehr abzubekommen«. Darum können die Männer auch länger alles offen lassen.

Als Zweites trägt außerdem die Unterschiedlichkeit zwischen Männern und Frauen in der Altersbegrenzung beim Kinderkriegen dazu bei: Bei den Frauen tickt die Uhr, ab Ende zwanzig bereits wird es biologisch gesehen weniger wahrscheinlich, dass sie noch ein Kind auf die Welt bringen können. Dagegen ist das Kinder-Zeugen für den Mann noch fast unbegrenzt lange möglich. Auch darum kann er länger warten. Da aber zu einer Paarbeziehung immer zwei gehören, reduziert dies das Zustandekommen verbindlicher Beziehungen ebenfalls.

Dazu kommt schließlich als ein weiteres Hindernis für das Zustandekommen verbindlicher Beziehungen, dass sich in der heutigen Zeit das Verhältnis der Generationen zueinander gegenüber früher stark verändert hat: Heranwachsende haben in der großen Mehrzahl zu ihren Eltern ein sehr viel konfliktärmeres Verhältnis als dies bei ihren Eltern gegenüber deren Eltern der Fall war. In den Sechziger- bis Ende der Achtziger-Jahre fand weltanschaulich der große Umbruch der antiautoritären »Achtundsechziger« statt. Heranwachsende gerieten aufgrund der sich damals durchsetzenden liberaleren Überzeugungen mit ihren Eltern nicht selten in heftige Konflikte. Dies führte zu schnellerer Ablösung, sie verließen früher das Elternhaus und wollten – auch in Hinsicht auf Beziehungen – schneller eigenständig und unabhängig werden. Bei dieser »Ablösung« spielten nicht selten Rebellion und Trotz eine Rolle. Es war also keine reife Entscheidung, aber es war immerhin ein erster wichtiger Schritt dazu. Heutige Eltern sind ihrem Nachwuchs gegenüber sehr viel toleranter und verständnisvoller geworden. Es gibt darum für diesen viel weniger Grund für die Entstehung von Distanzierungsbedürfnissen. Dies führt dazu, dass die jungen Erwachsenen im Durchschnitt viel länger zu Hause wohnen bleiben oder jederzeit auch dahin zurückkehren können, was auch die äußeren Verhältnisse manchmal nahelegen, wenn der junge Mann, die junge Frau nach dem Verlust des ersten unsicheren Jobs nicht wissen, wohin.

Damit bleiben die jungen Leute sehr viel länger in ihr Familien-Ganzes eingebettet, was eine verbindliche Lebensbeziehung und ein eigenständiges Leben als sehr viel weniger »nötig« erscheinen lässt.

Das heißt aber: Was früher half bzw. dazu führte, dass verbindliche Paarbeziehungen zustande kamen, das spielt heute fast keine Rolle mehr. Der junge Mann, die junge Frau heute ist fast ausschließlich auf »sein/ihr Gefühl« angewiesen, um eine so weittragende Entscheidung zu fällen, und diesem Gefühl traut sich er/sie sich sehr oft aus den angeführten Gründen nicht mehr, zu folgen. Einerseits ist für junge Menschen heute also immer ausschließlicher das subjektive Gefühl der Liebe ausschlaggebend, dieses aber wird andererseits durch die unendlich vielen Lebens- und Liebesmöglichkeiten der heutigen Zeit ständig infrage gestellt und als nicht ausreichend empfunden, um eine klare Entscheidung für den anderen bzw. füreinander zu fällen. Man »probiert«, aber es kommt zu keinem eindeutigen »Ja!« für eine gemeinsame Zukunft miteinander.

Man kann und braucht sich dieses »Ja« auch nicht zu geben im Sinn des kirchlichen Treuegelöbnisses »Bis der Tod uns scheidet!« – darüber haben wir ausführlich gesprochen. Es kommt aber immer öfter auch nicht zu einem klaren »Absichts-Treue-Versprechen«. So beginnt aber dann auch kein ernsthafter Prozess, sich aufeinander mit allen entstehenden Konfliktmöglichkeiten wirklich einzulassen, die mit einer gemeinsamen Zukunft gegeben sind.

Wie kann dem abgeholfen werden? Zwei Überlegungen bieten sich an, die betroffenen jungen Frauen und Männern nahegebracht werden sollten, um ihnen diese auch gesamtgesellschaftlich gesehen immer problematischere Situation überwinden zu helfen. Die erste: Sie müssen sich klar darüber werden, dass es unser Schicksal als Menschen ist, dass wir weittragende Entscheidungen für die Zukunft treffen müssen, ohne dabei eine vollständige Sicherheit haben zu können, dass sie die richtigen sein werden. Das Risiko zu scheitern ist immer gegeben. Gleichzeitig müssen sie aber auch realisieren: Wir kommen im Leben zu nichts, wenn wir solche Entscheidungen vermeiden. Das weiß jeder Manager, es ist sein tägliches Brot! Wir müssen auch weittragende konkrete Entscheidungen treffen und können bei aller Sorgfalt nicht ausschließen, dass die sich im Nachhinein als falsch herausstellen, weil wir nie alle Eventualitäten der Zukunft voraussehen und vorwegnehmen können.

Ähnlich ist es ja auch bei jedem wissenschaftlichen Experiment. Die Gültigkeit einer Hypothese lässt sich nur dadurch nachweisen, dass ich mit aller Klarheit und Eindeutigkeit ein Experiment veranstalte, bei dem auch das volle Risiko besteht, dass sich herausstellt: Die Hypothese war falsch. Nur so gibt es Erkenntnisfortschritt. Ähnlich in der Liebe: Ob das, was ich für den anderen fühle, in meinem weiteren Leben tragen wird, kann sich nur im Experiment der verbindliche Beziehung herausstellen, und dabei bleibt das Risiko, dass sich – genau wie beim wissenschaftlichen Experiment – herausstellt, dass es nicht so ist. Mache ich das Experiment aber erst gar nicht, kann sich auch nicht herausstellen, dass der/die andere der/die »Richtige« ist. Es bleibt dann alles im Vagen – wie heute so oft im Beziehungsbereich junger Menschen.

Ohne das Risiko dieses Lebensexperiments ist kein erfülltes menschliches Leben möglich: Wenn ich darauf warte, bis der oder die kommt, den ich ohne jeden Zweifel als den/die hundert Prozent Richtige/n erkenne, warte ich vergebens. Ich werde schließlich allein bleiben. Das Risiko der verbindlichen Entscheidung ohne letzte Sicherheit gehört zu einem erfüllten Leben dazu: Das müsste jungen Liebenden, die sich nicht entscheiden können, klar werden.

Und das Zweite: Junge Menschen brauchen eine Ermutigung, wieder mehr ihrer Intuition zu vertrauen und diese nicht durch das Heranziehen der unendlich vielen heutigen »anderen Möglichkeiten« ständig infrage zu stellen. Was spürst du in der Begegnung mit dem anderen? Welche Fantasien bezüglich der Zukunft tauchen in dir auf? Wie ist das, was du spürst, im Vergleich zu dem, was du bisher in Beziehungen gespürt hast? Was sagt dein Herz, was sagt dein Bauch dazu? Was magst du besonders gern am anderen und wie wichtig ist das für dich? Diese und ähnliche Fragen sollten gestellt werden. Das intuitive Gespür wird heutzutage oft zu wenig beachtet. Es geht in der Vielfalt der Möglichkeiten oftmals einfach unter. Es wäre wichtig, dem wieder zu seiner Bedeutung zu verhelfen, darauf mehr zu achten und junge Menschen zu ermutigen, darauf wieder mehr zu vertrauen.

Natürlich gibt es auch dann nicht die Sicherheit ohne jede Möglichkeit eines Zweifels. Aber: Es braucht trotzdem die verbindliche Entscheidung, damit aus der Beziehung überhaupt »etwas werden kann« und wir aus einer bloßen »Probierphase« herauskommen. Es braucht die verbindliche Entscheidung für den anderen – im Sinne des genannten »Absichts-Treue-Versprechens«. Wird sie vermieden, fehlt dem Ganzen die Grundlage, auf der eine tragfähige Zweierbeziehung und eine Familie aufgebaut werden kann. Allerdings – so haben wir gesagt – ist es damit allein noch nicht getan. Dieses Absichts-Treue-Versprechen muss sich dann im Alltag auch immer wieder als gültig erweisen, damit es trägt und gültig bleibt. Was diese Aussage konkret bedeutet, das soll im folgenden Teil im Einzelnen ausgeführt werden.

Teil II
Das Treueversprechen im Alltag der Partnerschaft

Wenn Partner sich verbindlich auf ein gemeinsames Leben einlassen, wozu nach unserem Verständnis auch das »Absichts-Treue-Versprechen« gehört, werden sie im Alltag auch mit ernsthaften Beziehungskonflikten zu tun bekommen, und das heißt nach dem, was wir dargelegt haben: Sie werden mit Polarisierungsprozessen unterschiedlichster Art konfrontiert sein, von denen sich im Alltag bestimmte immer wieder bemerkbar machen – genau so, wie wir es vor allem an dem älteren Paar Nicola und Heinz gesehen haben. Wir sagten: Daran, wie sie damit umgehen, wird sich zeigen, ob ihr Treueversprechen trägt, ob es gültig bleibt, ja sich sogar erneuert und vertieft.

Die Partner dürfen sich also auf dieses Treueversprechen nicht einfach »verlassen« – es kann sich, wie wir es bei dem genannten Paar gesehen haben, gleichsam in Luft auflösen, weil die Beziehung sich so in ihren typischen Konflikten verhärtet hat, dass von einer lebendigen Beziehung, vor allem einer Liebesbeziehung, keine Rede mehr sein kann. Das heißt mit anderen Worten: *Man kann sich auf das Treueversprechen nicht einfach verlassen und sich auch nicht einfach darauf berufen, wenn es schwierig wird.* Vielmehr kann man sich durch dieses Versprechen nur immer wieder herausfordern lassen, sehr achtsam darauf zu sein, wo sich solche polarisierenden Verhärtungsprozesse bei Konflikten anbahnen oder bereits voll im Gange sind, um dann die geeigneten Maßnahmen für den Weg *von der erstarrten Polarisierung zur anregenden Polarität* zu finden. Wir werden dabei sehen: Es braucht auf diesem Weg beides: die *Treue zu sich selbst* und die T*reue zum anderen.* Die eine dient der *Reifung der eigenen Autonomie,* die andere der *Reifung der Bindung* aneinander. Und beides muss dabei immer wieder ausbalanciert werden. Wie das konkret im Alltag einer Beziehung gehen kann, dazu sollen die folgenden Hinweise dienen.

7. Kapitel
Austausch untereinander

Worin besteht der Austausch?

Es ist zentral wichtig, dass die beiden Partner von Anfang an *in einem lebendigen Austausch über sich selbst und ihre Beziehung bleiben* und diesen immer wieder – und zwar von beiden Seiten her – anregen und in Gang halten. Dieser Austausch soll *auch*, ja sogar *vor allem* in konfliktfreien Zeiten stattfinden. Denn ein konfliktfreier Austausch ist in vielfacher Form hilfreich. Die Partner bleiben damit in einem *lebendigen, persönlichen Kontakt zueinander* und legen so die Grundlage dafür, dass ihre Treue zueinander mit Leben erfüllt bleibt.

Dabei geht es in unserem Zusammenhang vor allem um den Austausch darüber, was jedem an *Unterschiedlichkeit* des Partners im Vergleich zu sich selbst auffällt. Um derartige Selbst- und Fremd-Beobachtungen geht es hier: »Mir fällt auf, wenn wir uns zum Gehen fertigmachen, dass ich immer darauf achte, dass alle Sachen wieder an ihrem Platz sind, bevor wir die Wohnung verlassen. Das scheint dir weniger wichtig zu sein. Ist das so?« Das Ziel ist: Herauszufinden, was mir wichtig ist, was dem Partner wichtig ist, worin da die Gemeinsamkeiten und worin die Unterschiede bestehen. Das dargelegte Polaritäten-Konzept kann dafür eine ungemein nützliche Orientierung bieten. Immer wieder werden Paare feststellen: Unsere Ähnlichkeiten und unsere Unterschiede lassen sich den beiden unterschiedlichen Polen der Senkrechte, der Waagrechte oder der Diagonalen unseres oben beschriebenen Modells (s. o. S. 54–57) zuordnen.

Es geht bei diesem Austausch um die Fragen: *Wie* sehen unsere Unterschiedlichkeiten aus in dem, was jedem in der Beziehung wichtig ist? Inwiefern *ergänzen* sich diese Unterschiede und gefallen uns aneinander? Und inwiefern enthalten sie vielleicht auch *Konfliktpotential*, weil wir durch die Unterschiedlichkeit auch leicht in einen Gegensatz zueinander geraten können, und dann die Tendenz haben, den jeweiligen eigenen Pol gegen den des anderen zu verteidigen, oder den anderen wegen seiner Eigenart abzuwerten und sogar zu bekämpfen.

Dies an unserem eben angedeuteten Beispiel erläutert, könnte folgendermaßen verlaufen: Wenn Gudrun feststellt bzw. Jochen fragt:»Mir fällt auf, wenn wir uns zum Gehen fertigmachen, dass ich immer darauf achte, dass alle Sachen wieder an ihrem Platz sind, bevor wir die Wohnung verlassen. Das scheint dir weniger wichtig zu sein. Ist das so?«, dann könnte dieser antworten:»Ja, das ist tatsächlich so! Mir ist es wichtig, dass wir rasch wegkommen von hier, da muss vorher nicht alles an seinem Platz sein!« Hier sprechen die Partner von dem Unterschied der Akzentsetzung »Dauer« (hier »alles an seinem Platz!«) bei Gudrun und »Wechsel« (»Wegkommen von hier«) bei Jochen. Die mögliche positive Ergänzung durch diese Unterschiedlichkeit der beiden könnte darin bestehen, dass Gudrun es schätzen lernt, wenn sie durch den Impuls von Jochen nicht zu lange noch zu Hause »hängen bleibt«, und Jochen könnte an der Eigenart Gudruns wertvoll finden, dass kein Chaos hinterlassen wird und womöglich eine Tür zur Wohnung offen bleibt, während sie weg sind.

Dabei könnte beiden an einem solchen Austausch außerdem *bewusst werden, dass sie hier auch Konfliktpotential berühren.* Warum sie denn um Gottes Willen so lange rummacht, könnte Jochen gereizt fragen, und Gudrun könnte reagieren:»Ja, wenn es auf dich ankäme, würdest du riskieren, dass unser Haus leergeräumt ist, bevor wir zurück sind ...!« Und schon könnte sich die bekannte Teufelskreis-Spirale drehen. Um zu vermeiden, dass sie da hineinschlittern und ein Aussteigen immer schwieriger wird, ist es sicherlich ungemein nützlich, dass ihnen solche Konfliktpotentiale in der unterschiedlichen Akzentuierung ihrer Grundbedürfnisse schon *vor* mehreren heftigen Konflikten diesbezüglich bewusst geworden sind. Das wird sie vor solchen Konflikten nicht einfach bewahren. In den raschen Alltagsabläufen werden sie trotzdem genau über diese Unterschiedlichkeit da und dort stolpern. Aber wenn sie sich diese in der geschilderten Weise schon vorher bewusst gemacht haben, wird daraus kein »eintrainiertes« Konfliktmuster werden, aus dem auszusteigen immer schwieriger wird. Es ist nämlich eine Tatsache, die uns die Lernpsychologie bewusst gemacht hat: Auch wenn wir ein Verhalten und ein Konfliktmuster gar nicht lieben, ja sogar verabscheuen, je öfter wir im Alltag da hineingeraten, desto mehr prägt sich ein solcher Ablauf ein und wird immer wieder aktiviert – und dadurch wird die Stimmung in der Beziehung immer schlechter.

Paare sollten darum den Austausch über ihre Unterschiedlichkeiten in vielfältiger Weise immer wieder pflegen – und zwar vor allem in konfliktfreien Zeiten und bei konfliktfreien Gelegenheiten und bevor sie sich in Polarisierungen festgefahren haben. Dann wird vor allem auch das Bereichernde an ihrer Unterschiedlichkeit immer wieder deutlich: Gudrun verhindert durch ihre Ordentlichkeit, dass aus Jochens Großzügigkeit Schaden für beide entsteht, und Jochen regt Gudrun immer wieder an, die Dinge nicht gar so genau zu nehmen und pedantisch zu werden. Und es ist zu diesem Zeitpunkt bzw. in solchen (konfliktfreien) Zeiten auch noch viel leichter möglich, *dass sich jeder der Partner der Eigenart des anderen auch ein wenig anpasst*, als wenn sich im Konflikt die Positionen bereits so verhärtet haben, dass jeder seine Eigenart dem anderen gegenüber nur verteidigen und behaupten muss. Gudrun kann sich dann sagen: »Ja, er hat ja auch recht, so genau muss ich es nicht immer nehmen!«, während Jochen sich auch noch einzugestehen vermag: »Ja, Gudrun hat ja recht, manchmal müsste ich es wirklich ein wenig genauer nehmen!« Damit werden aus beiden statt Gegnern Partner, die sich wechselseitig zu eigener persönlicher Weiterentwicklung herausfordern!

Paare sollten sich also sehr häufig über dieses Thema austauschen: Wo sind unsere Unterschiede, was ist dir im Zusammenleben wichtig, was mir? Was gehört zu mir, was gehört zu dir? Wenn das noch konfliktfrei möglich ist, macht es den *Reichtum einer Beziehung* deutlich, und die *Beziehung bleibt »in der Balance«* der unterschiedlichen Pole, statt sich in Gegensätzlichkeit zu verhärten.

Sachlicher und emotionaler Austausch

Was die Art dieses Austausches anbelangt, kann dieser mehr sachlich/rational oder auch mehr emotional-gefühlsmäßig stattfinden. Beide Formen können sehr nützlich sein. Unser kleines Beispiel oben leitet einen eher sachlichen Austausch ein: »Mir fällt auf, wenn wir uns zum Gehen fertigmachen«, sagt Gudrun, »dass ich immer darauf achte, dass alle Sachen wieder an ihrem Platz sind, bevor wir die Wohnung verlassen. Das scheint dir weniger wichtig zu sein. Ist das so?« In Richtung eines mehr emotionalen Austausches ginge eine Formulierung wie: »Wenn wir aus dem Haus gehen, ist mir doch sehr wichtig, dass alles vorher noch an seinen Platz kommt. Ich tue mir schwer, Unordnung zurückzulassen. Und manchmal habe ich echt ein Problem damit, wenn du darauf gar nicht achtest, sondern nur schnell weg willst ….« Beide Arten, einen Austausch einzuleiten, haben ihre Vorteile: Die sachlichere Art schafft eine gewisse Distanz, eine Beobachtungsposition »von außen« und damit kann auf hilfreiche Weise Klarheit über die Unterschiede der beiden geschaffen werden. Der emotionale

Austausch macht mir und dem anderen wiederum deutlich, wie wichtig etwas für mich ist, und das ist ebenfalls ein bedeutsamer Aspekt. Beides ist nützlich und hilfreich.

Beide Formen, der sachliche wie der emotionale Austausch bergen aber auch Gefahren. Die Gefahr des sachlichen Austausches besteht darin, dass derjenige, der ihn beginnt, dem Partner durch seine Sachlichkeit nicht deutlich macht, dass dahinter eigentlich sein Wunsch nach Veränderung an ihn steckt, um einem Hineingleiten in konflikthafte Gegensätzlichkeit vorzubeugen. Die Gefahr des emotionalen Austausches besteht hingegen darin, dass durch Abwertungen, die sich darin verbergen, beim anderen recht schnell Widerstand ausgelöst wird: »Jetzt treib mich doch nicht so an, ich werd' schon rechtzeitig fertig!« Hier zeichnet sich schon deutlich eine Polarisierungstendenz ab, die zu den oben besprochenen Problemen führen kann. In einem Schema von Schulz von Thun, dem sogenannten »Wertequadrat«[10], kann diese Entwicklung folgendermaßen dargestellt werden:

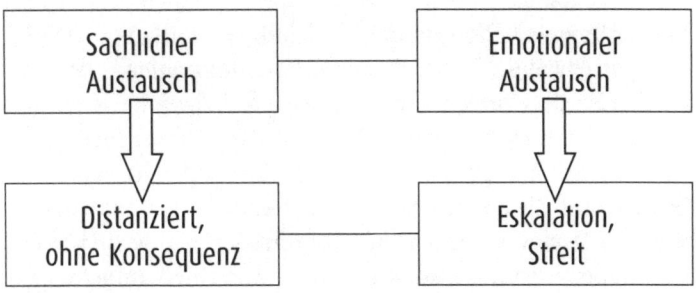

»Wertequadrat« nach Schulz von Thun: Tendenz zu negativer Entwicklung

Die Konsequenz aus dieser Gefahr ist deshalb, dass die sachliche Diskussion immer wieder auch die Ergänzung durch den mehr emotionalen Austausch braucht, der zum Ausdruck bringt, wie wichtig etwas für mich ist und wo mir der andere in dem Punkt auch Schwierigkeiten bereitet. Der emotionale Austausch hingegen braucht immer wieder auch die Betonung des Sachlichen, um die Faktenlage wieder nüchtern in den Blick zu bekommen und aus der Distanz zu sehen, ob es hier Änderungsbedarf gibt und worin der bestehen könnte. Wieder im »Wertequadrat« dargestellt, kann man sich das dann so verdeutlichen:

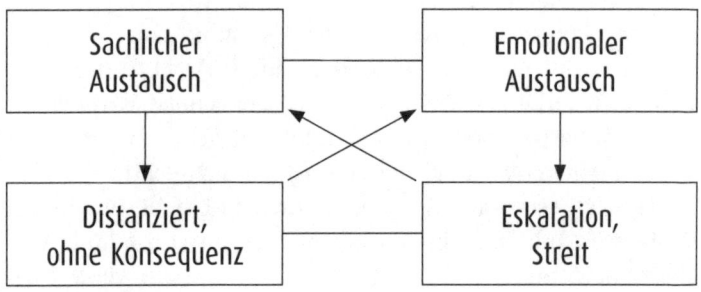

»Wertequadrat«: Die nötige Korrektur-Richtung

Die senkrechten Pfeile in dieser Grafik verdeutlichen die Gefahr des jeweiligen – sachlichen oder emotionalen – Austausches. Die diagonalen Pfeile zeigen an, in welche Richtung sich die Partner bewegen sollten, um aus dieser Gefahr jeweils wieder herauszukommen. So könnte die Antwort von Gudrun auf die bereits etwas eskalierende Reaktion des oben zitierten Partners Jochen lauten: »Du, ich wollte dich nicht kritisieren, es ist mir nur gerade als Unterschied aufgefallen.« Und die beruhigte Antwort Jochens darauf könnte sein: »Ja, das ist wirklich ein Unterschied zwischen uns!«

Wechselseitige Initiative – Bereitschaft, sich darauf einzulassen

Das Treueversprechen braucht also, damit es lebendig bleibt, als erstes diesen regelmäßigen Austausch. Dessen Ziel ist es, uns unsere Unterschiedlichkeiten deutlich zu machen, sie benennen zu lernen, immer wieder die bereichernde Ergänzung darin zu entdecken, aber auch auf das mögliche Konfliktpotential darin aufmerksam zu werden.

Damit ein solcher Austausch von Dauer ist und nicht immer wieder im Alltag versickert, braucht es unbedingt die *wechselseitige Initiative beider Partner* dazu. Wenn immer nur einer von beiden die Anregung dazu gibt und den Austausch in Gang setzt, wird dieser Partner auf die Dauer den Eindruck bekommen: »Nur *mir* liegt etwas an der Fürsorge für unsere Beziehung. Meinem Partner scheint die egal zu sein.« Fast mit Notwendigkeit hat dies zur Folge, dass der Austausch allmählich erlahmt. Damit das nicht geschieht, müssen beide Partner voneinander das Gefühl behalten: »Es liegt nicht nur mir, es liegt auch dem anderen daran, dass wir mit unseren Unterschieden klarkommen und gut damit umgehen.« Darum soll das Thema einmal vom einen, dann wieder vom anderen angesprochen werden.

Natürlich muss das nicht eine mathematische Ausgewogenheit von 50% zu 50% sein. Wenn einem der beiden die größere Sensibilität dafür oder die größere Leichtigkeit im Ansprechen solcher Themen gegeben ist, kann ja ein Stück mehr Initiative von seiner Seite durchaus in Ordnung sein. Aber der andere Partner muss sich dadurch auch immer wieder anregen und in Bewegung bringen lassen, auch seinerseits ab und zu initiativ zu werden. So wird er allmählich merken, dass es auch in seinem ureigensten Interesse ist, diesen Austausch auch von seiner Seite aus anzuregen.

Zurückgehen in die Vergangenheit der Beziehung

Hilfreich für den Gewinn dieses Austausches kann es auch sein, dass wir manchmal *miteinander in die vergangene Zeit zurückschauen*. An erster Stelle wichtig ist hier die *Rückschau in die Zeit der Verliebtheit*. Wir fragen uns und teilen einander mit, was uns damals am anderen ganz besonders angezogen hat. Hier treten ja die Unterschiede, die in dieser ersten Zeit unserer Beziehung so faszinierend waren, in ihrer ganz und gar positiven Form zutage, weil sie oft als »ideale Ergänzung« erlebt wurden. Auch wenn sich Paare bereits in ihren Konflikten sehr verhärtet haben, ist dieses Zurückgehen an den Anfang der Beziehung darum oft sehr hilfreich und wirkt entkrampfend. Mein Kollege Arnold Retzer pflegt in seinen Paargesprächen an dieser Stelle beiden Partnern manchmal humorvoll die Frage zu stellen: »Was lag denn damals im Schaufenster Ihres Freundes/Ihrer Freundin, das sie unbedingt haben wollten?«

So war es bei unseren Beispielpaaren sehr wichtig, dass sich Nicola wieder an die damals für sie so faszinierende Eigenständigkeit von Heinz erinnerte, und Heinz wiederum spürte, wie Nicolas Fähigkeit, Nähe zu ihm herzustellen, ihm das Herz beglückend öffnete. Ähnlich auch bei Dominik und Anne: Dominiks sprühender Einfallsreichtum und Annes zugewandte und liebevolle Konstanz waren für beide Grundlage ihrer Verliebtheit, wenn sich auch – so wie bei Heinz und Nicola – sehr bald die jeweils »andere Seite der Medaille« zeigte: die Distanziertheit von Heinz und die Festhalte-Tendenz bei Nicola bzw. die Unzuverlässigkeit von Dominik und die Unzufriedenheit von Anne mit dessen Lebensführung.

Ähnlich hilfreich können auch kleine »Bilanzrituale« sein. Wir halten zum Beispiel *nach besonders harmonischen Tagen,*

einem schönen Urlaub oder nach einer gelungenen Kooperation in einer schwierigen Lebenssituation, Rückschau und
fragen uns: Was hat mir denn da an dir so gut getan und so
gefallen? Es ist oft nicht die »Gleichheit«, sondern öfter noch
die Unterschiedlichkeit, mit der jeder dazu beigetragen hat,
dass es so schön bzw. so effektiv geworden ist. So ging es beispielsweise dem oben erwähnten Paar Gudrun und Jochen,
als es darum ging, ein neues Fernsehtischchen zusammenzu-
setzen: Gudrun als Ordnungs-Mensch (Dauer-Typ) durch-
schaute sofort die Grundzüge des beigegebenen komplizierten
Aufbauplans und hatte gleich einen Plan im Kopf, was jetzt
und nachher zu geschehen hat, und Jochen als Wechsel-Typ
fand jedes Mal sogleich im Chaos des Schrauben- und In-
bus-Gewirrs die richtigen und zusammengehörigen Stücke.
Im Nu stand der Fernsehtisch, was beiden die Erfahrung eines starken gemeinsamen Erfolgserlebnisses vermittelte. Ihre
sonst oft konflikträchtige Unterschiedlichkeit wurde hier für
beide mit einem Schlag als hilfreiches Potential sichtbar.

Manchmal legt sich eine solche bilanzierende Rückschau
auch nahe *bei besonderen Anlässen*, wie Geburtstagen, Jah-
reswechsel oder anlässlich des Hochzeitstags: Wir machen
eine Bilanz der letzten Zeit, des letzten Jahres, und wir vergessen dabei nicht, zu fragen: Was ist uns denn gut gelungen
und was haben wir gerade mit unserer Unterschiedlichkeit
jeweils dazu beigetragen? Damit machen Paare oft sehr gute
Erfahrungen, und es lohnt sich, das Ergebnis einer solchen
Rückschau dann noch mit einem Gläschen Wein und einem
gegenseitigen Glückwunsch in der Erinnerung für die kommende Zeit zu »verankern«.

Wenn wir gerade in einen aktuellen Konflikt miteinander
verstrickt sind, ist es natürlich sehr viel schwieriger, in einen
solch positiven Austausch zu kommen. Aber unmöglich ist
es nicht. Auch dann kann es sehr hilfreich sein, um den Weg
aus der Konfliktsituation wieder herauszufinden, wenn jeder

sich – am besten zunächst für sich und im »stillen Kämmerlein« – fragt: »Was äußert sich denn im Verhalten des Partners, das mir so stark auf die Nerven gegangen ist, für ein berechtigtes, ja wichtiges Anliegen? – Und was ist *mir* denn berechtigterweise wichtig, wenn ich so oder so (vielleicht extrem) reagiere?« Wenn der andere mich niedermacht wegen meines »Chaos« –, was ist denn sein berechtigtes, ja auch für mich wichtiges Anliegen dabei (nämlich das »Ordnung-Halten«!)? Und gleichzeitig: Was ist *mein* wichtiges Anliegen, wenn ich es mit der Ordnung öfter nicht so genau nehme? (nämlich wahrscheinlich das »Flexibel-Bleiben«!) Oder: Wenn Nicola Heinz wieder einmal dazu hin zu manipulieren versuchte, zu Hause zu bleiben und irgendetwas zu helfen, anstatt zu seinen Kumpels zu gehen, hätte der sich auch fragen können: Was hat sie denn für ein berechtigtes Anliegen, mich bei sich zu Hause festzuhalten? Und: Was ist andrerseits *mir* das Wichtige, wenn ich nach draußen tendiere? Solche Fragen vermeiden die weitere Verhärtung der Polarisierung, sie führen dazu, dass wir hinter dem Verhalten des Partners und hinter unserem eigenen die jeweils wirksamen Grundbedürfnisse erkennen und sie auch wieder anerkennen lernen, Heinz zum Beispiel das Nähe-Anliegen Nicolas, und Nicola das Distanz-Anliegen von Heinz. Damit wird gerade bei diesem Paar hier auch der Zusammenhang zur bald darauf erfolgenden Untreue von Heinz sichtbar: Hätte sich jeder der beiden schon früher diesen Fragen gestellt, hätte sich wohl ihre Polarisierung nicht in ein Stadium gesteigert, aus dem auszubrechen die Untreue von Heinz der einzige Ausweg schien. Denn mit einem solchen Austausch wird eine zentrale Voraussetzung geschaffen, den Weg der Polarisierung umzukehren in Richtung der ergänzenden Polarität und damit in Richtung auf eine flexible Balance der Beziehung, sodass dann auch Treue zum anderen eine stimmige Grundhaltung bleibt oder wieder wird.

Zurückgehen zu früheren Beziehungs- erfahrungen

Wenn es in unserer individuellen Geschichte bei einem oder beiden Partnern *andere bedeutsame Paarbeziehungen* gegeben hat, kann es für das Erkennen unserer Unterschiede und deren tolerantere Akzeptanz außerdem noch sehr hilfreich sein, unseren persönlichen Austausch auch darauf hin auszudehnen. Zum Beispiel bei einem Paar, das ich hier Viola und Richard nenne. Das Problem bestand darin, dass Richard im Laufe der Zeit seiner Frau einfach »zu anhänglich« wurde. Viola fühlte sich in ihrer Eigenständigkeit und in ihrer Lust darauf, auch ohne ihn eigene Interessen zu verfolgen, mehr und mehr eingeengt. Es stellte sich heraus, dass es in der vorausgehenden Ehe Richards gerade umgekehrt war: Er hatte seiner damaligen Frau bereitwillig Eigenständigkeit zugebilligt, weil er selbst viel Freiraum suchte für seinen beruflichen Aufbau. In dieser Eigenständigkeit aber hatte die Frau sich in einen anderen Mann verliebt, was dann zum Scheitern der Ehe führte. Das war für Richard damals ein derartiger Schock, dass er in der darauffolgenden Ehe mit Viola geradezu ins andere Extrem »kippte«: Von der Überbetonung der Distanz in die Überbetonung der Nähe. Triebfeder dafür war seine Angst, es könnte ihm wieder so ergehen wie mit der ersten Frau. Hier wird deutlich, dass auch die oft gegenteilig erscheinenden Grundbedürfnisse, wie hier Nähe und Distanz, *beide* Bedürfnisse eines jeden von uns sind, sodass es durch einschneidende Erfahrungen zu solchen »Kipp-Phänomenen« ins Gegenteil kommen kann. Das Erkennen solcher Zusammenhänge schaffte sowohl bei unserer »nähe-gequälten« Partnerin Viola mehr Verständnis für ihren Mann Richard, als auch bei diesem für sein eigenes Verhalten – und das war eine gute Voraussetzung für beide, zu einer neuen und flexibleren »Nähe-Distanz-Regulierung« zu finden.

Die Erfahrungen in früheren intensiv erlebten Paarbeziehungen können also so existenziell tiefgreifend sein, dass sie auf die Polarisierungstendenzen des Einzelnen in seiner nächsten Beziehung einen großen Einfluss haben. Darum lohnt es sich immer, auch nach solchen Zusammenhängen zu fragen. Das schafft mehr wechselseitiges Verständnis und dieses ist die beste Voraussetzung, aus der Polarisierung wieder herauszufinden: Viola musste den Schock, den Richard durch die Untreue seiner ersten Frau erlitten hatte, erst verstehen, und Richard musste diesen Schock selbst noch einmal nachvollziehen, dann war es möglich, in der nächsten Zeit auch mehr Spielraum für die Individualität der beiden in ihrer Beziehung zu öffnen.

Zusammenhänge mit den Herkunftsfamilien

Ganz zentral erweisen sich im Erkennen von Polarisierungstendenzen schließlich auch noch die *Erfahrungen, die jeder der Partner in seiner Herkunftsfamilie* mit den Grundbedürfnissen »Nähe – Distanz« und »Dauer – Wechsel« gemacht hat. Bei Dominik haben wir gesehen, dass sein überstarkes Bedürfnis nach Distanz einerseits und Wechsel andererseits dadurch entstanden war, dass er sich in seiner Kindheit von der Mutter überfürsorglich festgehalten gefühlt hatte und deshalb mit Verbindlichkeit (»Nähe-Pol«) und Verlässlichkeit (»Dauer-Pol«) große Probleme hatte. Bei seiner Partnerin Anne wiederum war es der kranke Vater, der ihre verlässliche und zugewandte Art, die Dominik so faszinierte, förderte. Die beiden trafen sich – um in unserem Modell zu sprechen (siehe oben S. 56) – auf der Diagonalen »Distanz – Wechsel« (Dominik) gegenüber »Nähe – Dauer« (Anne). Das war am Anfang faszinierend, stellte sich dann aber, wie wir gesehen haben, als immer weniger lebbar heraus.

Das wechselseitige Verstehen, wie die eigene Polarisierung des Paares zusammenhängt mit den Beziehungserfahrungen in den Herkunftsfamilien, bietet ebenfalls eine sehr gute

Grundlage, mehr Verständnis zu entwickeln für die eigenen Polarisierungstendenzen und die des Partners. Ich verstehe in meinem Verhalten die existenziellen Erfahrungen, mein »inneres Kind« besser und im Verhalten des Partners dessen »inneres Kind« tiefer. So entstehen *»Empathie mit dem eigenen inneren Kind« und »Empathie mit dem inneren Kind des anderen«* – eine hervorragende Grundlage, den Kampf gegeneinander zu beenden und verständnisvoller aufeinander einzugehen und damit den Polarisierungsprozess allmählich aufzulösen.

Ein weiteres eindrucksvolles Beispiel war bei einem Paar zu erleben, bei dem sich in der gemeinsamen Arbeit das Bild vom Märchen-Paar »Der Prinz und das Aschenputtel« förmlich aufdrängte. Der Mann, Unternehmer bereits in fünfter Generation, hatte vor einiger Zeit eine inzwischen abgebrochene Außenbeziehung gehabt, die der Frau aber noch immer sehr zu schaffen machte, was sie sich jedoch selbst zum Vorwurf machte und was auch in der Therapie erst nach einer längeren Zeit zur Sprache kam. Der Grund, aus dem sie die Therapie begonnen hatten, war, dass sich der Mann sexuell zu kurz gekommen fühlte. Die Frau ihrerseits konnte sich so selten darauf einlassen, weil sie sich – so erklärte sie – vom Mann immer wieder zur Sexualität gedrängt fühlte, im Alltag aber konstante Zuwendung, Aufmerksamkeit und Verlässlichkeit vermisste. Die Frau tendierte – im Polaritäten-Modell gesprochen – zu den Polen Dauer – Distanz, der Mann zu Wechsel – Nähe. Verlässliche Absprachen und achtsamer Umgang mit seiner Frau im Alltag, das lag ihm ganz und gar nicht. Auch seine für die Frau so verletzende Außenbeziehung war ein Ausdruck seines Wechselbedürfnisses gewesen.

Eine große Hilfe, die Polarisierung der beiden aufzulösen und sie wieder in eine Bewegung zueinander hin zu bringen, war auch hier der gemeinsame Blick auf die jeweiligen Herkunftsfamilien: Der »Prinz« war ein Kind, das damit glänzen konnte und für die Eltern Bedeutung gewann, wenn er sich in den ständig neuen und wechselnden Anforderungen seines Vaters bewährte. Selbstverständliche und konstante Zuwendung von den Eltern gab es dagegen kaum. Die Frau wiederum, das »Aschenputtel«, hatte ihre Mutter in frühem Alter verloren, und ihre einzige Chance, von der Stiefmutter ab und zu mal Anerkennung zu bekommen, eröffnete sich, wenn sie Anpassung, Konstanz und Verlässlichkeit zeigte. Danach sehnte sich natürlich auch der Prinz, und darum verliebte er sich in die Frau, auf die anfangs ihrerseits wiederum seine Lebendigkeit eine große Faszination ausübte. Im Alltag jedoch begann sich die Frau dann immer mehr als Aschenputtel zu fühlen, weil der Zuwendung ihres »Prinzen« die Konstanz fehlte: Seine Firma hatte immer Vorrang, für diese war er immer erreichbar, das Handy durfte nie ausgeschaltet werden. Der Mann hingegen vermisste immer mehr ihr sexuelles Verlangen nach ihm, und wenn endlich einmal etwas zustande kam, störte es ihn, dass sie die Sexualität nur noch »über sich ergehen ließen«. Sie verschloss sich ihm gegenüber immer mehr, und dadurch vermisste der »Prinz« immer intensiver, was er am Anfang der Beziehung im Übermaß von ihr bekommen hatte, nämlich eine intensive verlässliche Zuwendung unabhängig von seiner Leistung, was ihn schließlich auch dazu brachte, diese Zuwendung »draußen« zu suchen.

Wichtig war für die beiden auch hier, bei sich, aber vor allem auch beim Partner »das innere Kind« zu erleben: nämlich für die Frau, in den Augen ihres Partners die große Sehnsucht des »kleinen Prinzen« nach Zuwendung zu seiner Person auch ohne »Glänzen« zu entdecken, und für ihren Mann, in ihr das kleine verlassene Aschenputtel-Mädchen zu erkennen, das sich nach Konstanz und Verlässlichkeit in der Zuwendung sehnte. Als sie sich in der Therapiestunde auch auf dieser Ebene begegneten und einander naheka-

men, war dies sehr berührend und der Prozess der beiden
ging in eine neue, wichtige Runde. Die Empathie mit dem
eigenen »inneren Kind« und dem des anderen öffnete neue
Wege, auch im Erwachsenenalltag anders miteinander umzugehen.

Ziele: Was mit dem Austausch erreicht werden soll

In den vorausgehenden Ausführungen zum wechselseitigen
Austausch wurde immer schon erwähnt, wozu im Einzelnen
dieser Austausch dienen soll. Ich will das in diesem Abschnitt
nochmals zusammenfassend deutlich machen: Indem ich darauf achte, worin meine Eigenart im Umgang mit den alltäglichen Dingen des Lebens besteht – im Unterschied zur Eigenart meines Partners, kann ich relativ leicht erkennen, welchen
Grundbedürfnissen dabei *ich* vor allem folge und welchen
Grundbedürfnissen mein Partner folgt: Dem Bedürfnis nach
Nähe oder dem Bedürfnis nach Distanz, dem Bedürfnis nach
Dauer oder dem Bedürfnis nach Wechsel, bzw. welchen jeweiligen Kombinationen dieser Bedürfnisse. Damit erkenne ich,
welchen bevorzugten Polen – im Bild unseres Modells gesprochen – ich mich jeweils stärker annähere und welchen mein
Partner. Damit werden uns unsere bevorzugten und zunächst
meist anregenden und *bereichernden Polaritäten* bewusst,
aber auch unsere Tendenzen zu *Polarisierungen*, also die Tendenzen eines jeden von uns beiden, auf der Linie, die unsere
beiden Pole verbindet, ins Extrem und damit in Gegensatz
zum anderen zu geraten und sich eventuell darin sogar auch
zu verhärten. Es wird also *beides deutlich*: Einerseits das Positive und Bereichernde, wenn ich meinem Grundbedürfnis
und mein Partner dem seinen folgt, und andererseits aber
auch das Konflikthafte, wenn wir uns im Verfolgen unserer
Grundbedürfnisse in Richtung der entgegengesetzten Pole

immer mehr in Gegensätze hinein manövrieren. Hier droht die *Gefahr der sich verhärtenden Konflikte*, wie wir sie an unseren beiden Beispielpaaren erlebt haben. Was sind nun – außer dem schon sehr hilfreichen wechselseitigen Verständnis, das dadurch entsteht – die nächsten Schritte, die zu tun sind, damit das nicht passiert?

8. Kapitel
Kompromisse schließen – Balance erreichen

Positive Sichtweise

Ein großer Vorteil, wenn wir den beschriebenen Austausch vor allem auch in konfliktfreien Phasen unserer Beziehung gepflegt haben, besteht darin, dass es in solchen Phasen unmittelbar einsichtig wird, dass *wir unserer beider Eigenarten positiv zu sehen lernen* und sie als eine wechselseitig ergänzende Bereicherung erleben: Meine Tendenz, in der Beziehung gleichbleibende Strukturen und einen geordneten Ablauf zu betonen (Dauer), ergänzt sich wunderbar mit der Tendenz meines Partners, immer wieder auch etwas Neues reinzubringen und anzuregen (Wechsel). Oder: Deine Tendenz, zu häufigen persönlichen Gesprächen und damit zur »Beziehungs-Fürsorge« (Nähe), ergänzt sich bereichernd mit meiner Tendenz, Raum zu schaffen für meine (und deine!) »Selbst-Fürsorge« (Distanz).

Mit dieser Erfahrung der Bereicherung wird gleichzeitig auch deutlich, dass nicht nur meine Seite unserer Polarität für mich wichtig ist und dazugehört, sondern auch deine Seite: Beides gehört für jeden von uns zusammen: Nähe *und* Distanz, Dauer *und* Wechsel (in allen möglichen Variationen!). Damit ist aber die beste Grundlage für das gelegt, was vor allem in schwierigeren Situationen nun entscheidend wird: Konstruktive Kompromisse zu schließen.

Was ist ein »konstruktiver Kompromiss«?

Hier das Beispiel des Paares Gudrun und Jochen (s. S. 90 ff.), dem wir bereits begegnet sind. Hier zeigt sich die Polarität »Dauer – Wechsel«. Gudrun, die immer wieder zum Pol »Dauer/Struktur« tendiert, könnte zu sich sagen: »Wenn wir daran sind, aus dem Haus zu gehen, achte ich zwar darauf, dass nirgendwo mehr Licht brennt, eine Tür oder ein Fenster noch offen steht. Dabei lasse ich es aber nun auch bewenden, und achte darauf, dass wir unsere vereinbarte Aufbruchzeit einhalten.« – »Und ich«, könnte Jochen, der zum Gegenpol »Wechsel« tendiert, sich sagen, »halte beim Aufbrechen meine Ungeduld bis zur vereinbarten Zeit zurück, und wenn es sehr knapp wird, schaue ich auch selbst in einem Teil der Räume noch nach, ob alles ok ist!« Der Kompromiss besteht hier in zwei Komponenten: Die erste Komponente ist, dass beide Partner jeweils dafür sorgen, *ihr eigenes Bedürfnis erfüllt* zu bekommen: In wesentlichen Punkten bleibt die Ordnung gewahrt, und das ist wichtig für Gudrun; sie kommen aber auch – durch die vereinbarte Zeit – garantiert bald genug aus dem Haus – und das ist im Interesse Jochens.

Die zweite Komponente ist, dass beide *dem anderen ein Zugeständnis machen*, indem sie bereit sind, beim eigenen Bedürfnis Abstriche zu machen: Gudrun als Dauer-Mensch würde lieber noch viel mehr kontrollieren, unterlässt es aber »für« ihren Partner, und Jochen würde als Wechsel-Mensch am liebsten gleich aus dem Haus laufen, wappnet sich aber mit Geduld – für Gudrun. Eine große Hilfe dabei ist übrigens die Idee mit der vereinbarten Zeit: Sie gibt dem Dauermenschen genug Spielraum, seinem Bedürfnis nachzugehen, und sie strapaziert die Ungeduld des Wechselmenschen nicht zu sehr.

Solche Vereinbarungen in Paarbeziehungen können von großem Wert sein: *Sie lassen beide mit ihrem Bedürfnis zu ihrem*

Recht kommen, und sie beschränken das jeweilige Bedürfnis so,
dass es mit dem des anderen nicht nachhaltig in Konflikt gerät.

Um für derart hilfreiche Vereinbarungen noch ein weiteres
Beispiel anzuführen: Ein Paar, das die Tendenz hat, sich bei
Nähe – Distanz in der Weise zu polarisieren, dass die Frau
ihre eigenen Interessen vernachlässigt, weil sie »immer für
alle da sein muss«, während der Mann meist auch am Abend
aufgrund eines ehrenamtlichen Engagements nur selten zu
Hause ist, trifft folgende Vereinbarung: Der Mann sagt verbindlich zu, dass er am Mittwoch rechtzeitig da ist und zu
Hause bleiben wird: Er wird mit der Frau und den Kindern
zu Abend essen und die Kinder dann ins Bett bringen. Die
Frau hat dadurch an diesem Abend »frei«, um den schon
lang ersehnten Fortbildungskurs für ihren beruflichen Wie-
dereinstieg zu belegen und zu absolvieren. Durch diese Vereinbarung wird einerseits der Frau ermöglicht, sich im Interesse größerer Eigenständigkeit aus ihrer Fixierung am Pol
»Nähe« zu lösen und mehr in Richtung »Distanz« zu gehen,
und andererseits engagiert sich der Mann durch seine verlässliche Anwesenheit an diesem Abend für mehr Nähe zu ihr
und den Kindern und macht so Schritte vom Pol »Distanz«
hin in Richtung »Nähe«.

Noch ein drittes Beispiel hinsichtlich der Polarität »Dauer/
Distanz« einerseits und »Wechsel/Nähe« andererseits: Josef
ist ein sehr zuverlässiger Mensch, der seine Freizeit zu Hause vor allem damit verbringt, alles, was ansteht, zuverlässig,
pünktlich und kompetent zu erledigen. Das schätzt seine Frau
Cornelia sehr an ihm, aber andererseits hat sie das Gefühl,
dass das auf die Dauer recht langweilig wird: Bei aller Zu-
verlässigkeit von Josef, läuft alles immer gleich, sie spürt ihn
kaum noch als »Gegenüber« – und würde doch so gern mit
ihm zusammen auch mal etwas unternehmen und aussteigen
aus dem täglich gleichen Trott. So kommen sie zu folgender
Kompromiss-Vereinbarung: Einmal in der Woche, und zwar

immer am Donnerstag hält Josef sich den Abend frei, kommt mit dem Vorschlag einer gemeinsamen Unternehmung (Kino, Spaziergang, ….) auf seine Frau zu und lädt sie dazu ein. Der Mann hat damit die Sicherheit »Immer Donnerstagabend« (Dauer) und durch die Beschränkung darauf auch für seine Arbeiten zu Hause noch ausreichend Raum (Distanz). Gleichzeitig erlebt Cornelia, dass er einmal in der Woche für eine Abwechslung sorgt (Bedürfnis nach Wechsel), dabei initiativ wird und von sich aus auf sie zukommt (Bedürfnis nach Nähe). Das gefällt ihr sehr gut, weil es ihr seinen guten Willen zeigt, und das ist ein wichtiger Anstoß für ihn, seine Pole Dauer und Distanz auch mal zu verlassen und so den Polarisierungsprozess allmählich wenigstens abzumildern.

In der konkreten Situation kann ein Kompromiss durchaus immer wieder einmal als ein Verzicht erlebt werden. Josef zum Beispiel würde manchmal lieber bei seinen Arbeitsvorhaben zu Hause bleiben, und Cornelia wünschte sich wohl auch öfter eine überraschende Initiative von ihm. Andererseits aber gewinnen die beiden auch etwas durch diesen »Verzicht«: die Frau erlebt eine Bereicherung ihres Verhaltensrepertoires durch das Üben von Regelmäßigkeit und Eigenständigkeit in der Gestaltung ihrer Zeit. So bewegt sie sich ja von ihren Polen Nähe – Wechsel auf die Pole Distanz – Eigenständigkeit zu. Der Mann wiederum gewinnt mehr Flexibilität im Loslassen seiner gewohnten Tätigkeit, und er lernt, mehr auf die Beziehung zu achten und möglichen Wünschen seiner Frau entgegenzukommen. Damit bewegt er sich von seinen Polen Dauer – Distanz mehr auf die Pole Wechsel – Nähe zu.

Ganz ähnlich ist es bei dem vorausgehenden Beispiel: Wenn der Mann dieses Beispiels an dem vereinbarten Tag vom Geschäft verlässlich zu Hause ist und so die Bedürfnisse seiner Kinder und seiner Frau berücksichtigt, lernt er zugleich, selbst mehr Nähe einzugehen. Und die Frau, die an diesem Abend zu ihrem Fortbildungskurs geht, lernt auf diese Weise, ihr schlechtes Gewissen zu überwinden, ihren eigenen Interessen nachzugehen, Distanz zu suchen und so ein Stück mehr eigene Autonomie zu leben.

Derartige Kompromiss-Vereinbarungen können also sehr hilfreich sein. Sie zeigen: Ich muss nicht meine Eigenart *gegen* dich behaupten und damit deine Eigenart bekämpfen. Ich kann bei meinem Bedürfnis *bleiben* und trotzdem *auch* einen Schritt auf dich zugehen: Ich berücksichtige mich (Treue zu sich selbst) und ich berücksichtige dich (Treue zum anderen). Und dabei gewinne ich auch noch etwas für mich als ganze Person: Ich nehme den anderen Pol, den ich sonst leicht dir überlasse und damit vernachlässige, in mein eigenes Leben herein und mache es so runder und vollständiger.

Dies ist die zentrale Lernerfahrung dabei. Unsere Beispiele handeln von ausdrücklichen Kompromiss-Vereinbarungen, bei denen besonders deutlich wird, wie es gehen kann, dass beide Seiten der Partner Berücksichtigung finden. Solch ausdrückliche Vereinbarungen sind wichtig, sie sind gleichsam »Rituale«, mit denen die Partner regelmäßig und in jeweils gleichen Situationen üben, worauf es ankommt. Davon sollen sich die Partner dann aber auch im Alltag, ohne besondere Vereinbarungen und in unterschiedlichen Situationen immer wieder anregen lassen: *Ohne sich selbst zu verbiegen, dem andern entgegenzukommen.* Und dabei kann jeder der beiden erleben: Ich kann das ja auch, ich der Distanz-Mensch, kann mal in die Nähe zu dir gehen, und ich, der Nähe-Mensch, kann auch mal meine Eigenständigkeit für mich und in der Distanz zu dir leben. Oder auch: Es geht ja, dass ich als Dauer-Mensch mich auch mal auf Veränderung einlasse, und es geht, dass ich als Wechsel-Mensch dennoch einen bestimmten Termin konsequent und verlässlich einhalte.

Das Ziel: Balance statt erstarrter Polarisierung

Mit solchen »Kompromiss-Ritualen« und der täglichen Übung, »dass ich ja auch die andere Seite leben kann«, wird das erreicht, was die wichtigste Voraussetzung auch für lebbare und als befriedigend erlebte Treue ist: Dass die Beziehung zwischen den Polen unserer menschlichen Grundbedürfnisse in Bewegung und damit in einer flexiblen Balance bleibt: mal bewegen wir uns beide mehr auf den Pol »Nähe« zu, mal mehr auf den Pol »Distanz«. Mal bewegt sich der eine mehr in Richtung des Pols »Distanz« und der andere mehr in Richtung des Pols »Nähe«. Mal genießen wir beide den Dauer-Pol, indem wir zum Beispiel den Winterurlaub immer wieder am gleichen Ort verbringen, mal habe *ich* Gelegenheit, mehr meinen Vorlieben nach Wechsel nachzugehen, indem wir beide den Sommerurlaub dafür jedes Jahr anderswo verbringen und *du* dich dabei meinen Wünschen anschließt …!

Balance heißt: Mal geht es mehr nach meinen bevorzugten Grundbedürfnissen, mal mehr nach deinen, mal schließt sich der eine dem anderen an, mal geht es auch umgekehrt. Dabei bleibt unsere Unterschiedlichkeit erhalten, jeder kommt mit seiner Eigenart »zu seinem Recht«, und der andere hat Gelegenheit, seine eigene »Einseitigkeit« zu weiten, indem er sich dem anderen immer wieder einmal anschließt.

Dies ist das *Gegenbild zu verhärteten Konflikten von Paaren*, wie wir sie immer wieder erleben und wofür in unserem Buch vor allem das Beispiel von Heinz und Nicola in ihrer ersten Phase steht: Der eine Partner beharrt auf seinem Bedürfnis gegen das Bedürfnis des anderen, und der andere Partner beharrt auf seinem Bedürfnis gegen das des einen: Heinz auf seinem Bedürfnis nach Distanz und Eigenständigkeit, Nicola auf ihrem nach Nähe und Verbindlichkeit. Im Unterschied dazu kommen durch Verhaltensweisen, wie wir sie eben beschrieben haben, die Treue zu sich selbst und die Treue zum anderen zu einem Ausgleich, und die Verbindlichkeit der Treue wird zu keinem Gefängnis, aus dem einer – so wie Heinz in unserem Beispiel – ausbrechen muss, um sich selbst treu zu bleiben, sondern ein Ausdruck gegenseitiger tiefer Zuneigung und Wertschätzung.

Vertrauen durch »Commitment«

Dieses beidseitige Bemühen um Balance ist etwas, das von Therapeuten auch mit dem englischen Wort »commitment«[11] bezeichnet wird. Dieses Wort könnte man wohl am besten mit »Engagement« übersetzen, Engagement füreinander, oder auch auf Deutsch »Hingabe«. Wie durch kaum etwas anderes spürt der Partner dadurch: Ich bin dem anderen wichtig. »Weil es mir wichtig ist, ist er so pünktlich«, »Weil es mir wichtig ist, hält er sich Zeit frei für den gemeinsamen Abend« oder aber »gesteht mir den Abend mit meiner Gruppe zu, obwohl er mich gerne bei sich hätte ….« Dieses wechselseitige Commitment schafft wie sonst nichts anderes Vertrauen zueinander, Vertrauen, dass der Partner sich nicht so ohne Weiteres auf eine andere Beziehung einlassen wird. Dieses Vertrauen ist, so meint zum Beispiel John Gottman[12] die wichtigste Grundlage, damit die wechselseitige Treue erhalten bleibt. Ich lerne dadurch, mich auf den anderen mehr und mehr zu verlassen, und das Risiko, von ihm verlassen zu werden, minimiert sich.

Vollständiger werden

Sich auf die Eigenart des anderen einzulassen, ihr entgegenzukommen, ist aber auch, so muss immer wieder betont werden, für mich, für meine individuelle Entwicklung wichtig, und zwar auch aus einem Grund, den ich bis jetzt noch nicht so deutlich erwähnt habe: Sie bringt mich gegen meine Tendenz zur Einseitigkeit nämlich auf den Weg zu einem volleren Mensch-Sein: Die Dauer ist auch für mich, den Wechsel-Menschen, ein wichtiges Grundbedürfnis, und umgekehrt sind auch für mich, den Dauer-Menschen, Wechsel/Flexibilität Grundbedürfnisse. Und – jedenfalls manchmal – für Eigeninteressen in Distanz zu gehen, ist auch für den Nähe-Menschen ein wichtiger Schritt, in seiner Persönlichkeit »vollständiger« zu werden, und dasselbe gilt auch hier für den Partner in umgekehrter Richtung, wenn er von sich aus eher zum Pol der Distanz tendiert.

Wenn wir auf diesem Weg bleiben, lassen wir uns vom Anders-Sein des anderen also zu nichts Geringerem herausfordern als dazu, selbst ein vollständigerer Mensch zu werden! Denn zum Mensch-Sein eines jeden gehört ja nicht nur die Fähigkeit, nah zu sein, sondern auch die, in der Distanz eigenständig zu sein und immer wieder zu werden, und nicht nur Dauer und Struktur einzuhalten, sondern auch, sich auf Veränderungsprozesse einzulassen und Flexibilität zu zeigen. Gerade also die potentiell konflikthaften Verschiedenheiten der beiden Partner können so zur Herausforderung werden, sich auf den Weg zu einem volleren Mensch-Sein zu begeben. Darum vertritt der bekannte Schweizer Paartherapeut Jürg Willi in einem seiner Hauptwerke[13] den Standpunkt, dass es keine größere Herausforderung zu persönlicher Entwicklung gibt, als eine verbindlich gelebte Paarbeziehung.

Verständnis füreinander und Toleranz

Bei diesem Bemühen, Kompromisse zu schließen und einander immer wieder entgegenzukommen, wird es allerdings nicht ausbleiben, dass wir immer wieder auch mit der Erkenntnis konfrontiert sein werden: Der andere ist eben doch anders als ich. Und manchmal wird er mir bei allem Bemühen um Verständnis deshalb immer wieder einmal auch auf die Nerven gehen, mir, dem Nähe-Menschen, der andere mit seinen immer wieder betonten Distanz-Wünschen, oder mir, dem Dauer-Menschen, der andere mit seinen oftmaligen Wünschen nach Veränderung …. Das heißt, es wird nicht immer einen harmonischen Weg des Entgegenkommens und des Kompromisses miteinander geben. Manchmal werde ich mich in dem, was ich mir wünsche, vom andern auch allein gelassen fühlen, weil der andere eben in der Verfolgung seines gerade im Vordergrund stehenden Grundbedürfnisses doch gerade zu weit von dem meinen entfernt ist.

Wenn wir beide aber auf dem geschilderten Weg des Entgegenkommens sind und bleiben, lernen wir deshalb auch *Verständnis für den anderen und Toleranz*. Und beides wird umso mehr wachsen, je besser wir den anderen auch in seinem geschichtlichen »Geworden-Sein« kennen lernen und kennen gelernt haben. Wir wissen dann, was er zum Beispiel in früheren Beziehungen erlebt hat, wir kennen seine Geschichte in der Herkunftsfamilie. Wir kennen darum auch seine bleibenden »wunden Punkte«, an denen er dann doch manchmal, wenn sie berührt werden, zurückzuckt und gar nicht mehr offen ist für das Anders-Sein des anderen. Hier stoßen wir an Grenzen, die aber überbrückbar sind, nicht durch »Ausgleich« im oben beschriebenen Sinne, sondern durch ein tolerantes und verständnisvolles »Ja« zum anderen in seiner geschichtlich bedingten Begrenztheit, mit der er ja auch auf meiner Seite konfrontiert ist und bezüglich der ich genauso auf die Toleranz und das Verständnis des anderen angewiesen bin.

Gerade wenn wir im Partner das »innere Kind« mit seinen alten Verletzungen entdecken und Kontakt dazu bekommen, kann das in uns auch väterlich-mütterliche Gefühle für ihn wecken, die uns in unserem emotionalen Zusammenhalt stärken. Natürlich dürfen väterlich-mütterliche Gefühle füreinander in Partnerschaften nicht im Vordergrund stehen, und noch weniger darf es sein, dass sich der emotionale Zusammenhalt eines Paares darauf beschränkt oder *nur* väterliche Gefühle des Mannes für die Frau oder mütterliche Gefühle der Frau für den Mann die Beziehung ausmachen, sodass der Mann quasi der Sohn seiner Mutter-Frau oder die Frau die Tochter ihres Vater-Mannes bleibt. Aber wenn die Basis der Partnerschaft eine lebendige Mann-Frau-Beziehung darstellt, können solche Gefühle füreinander auch eine sehr große Bereicherung sein und den Zusammenhalt des Paares stärken.

9. Kapitel
Bereitschaft, zu vergeben

Bei allem Bemühen um die im letzten Kapitel erwähnte Toleranz dem Anders-Sein des anderen gegenüber wird es dennoch nicht ausbleiben, dass wir einander mit unserer Unterschiedlichkeit und unserer Tendenz zu entgegengesetzten Polen auch manchmal verletzen. Wechselseitige Verletzungen in der Liebesbeziehung sind schmerzhaft, auch wenn sie »alltäglich« sind und lange nicht so massiv wie eine Außenbeziehung oder etwas ähnlich Schwerwiegendes. Solche Alltagsverletzungen sind im Zusammenleben des Paares unvermeidbar. Damit die Liebe dadurch nicht zerstört und die Treue mehr und mehr untergraben wird, sondern vielmehr daraus sogar eine Verlebendigung und Erneuerung der Liebe entsteht, müssen Paare eines lernen: Einander immer wieder zu vergeben. Davon handelt nun dieses Kapitel.

Verletzungen sind unvermeidbar

Immer wieder haben wir davon gesprochen: Wenn in der Paarbeziehung die Verliebtheitsphase vorüber ist und der Alltag einkehrt, empfinden die Partner ihre anfangs faszinierenden Gegensätze meist nicht mehr anziehend, sondern befremdend, unverständlich, ärgerlich: Der oben beschriebene Prozess der Polarisierung setzt ein. Der Distanz-Mensch erscheint dem Nähe-Menschen als zu sehr zurückgezogen, ja abweisend, nicht mehr an der Person des anderen interessiert. Der Nähe-Mensch wiederum wird für den Distanz-Menschen zu anhänglich, immer darauf aus, ihn ins Gespräch zu ziehen, klammernd und einengend. Der Dauer-Mensch erlebt den Wechsel-Menschen als unberechenbar oder unzuverlässig, vielleicht auch als chaotisch, und der Wechsel-Mensch den Dauer-Menschen als starr, pedantisch, kleinlich, ja zwanghaft ....

Es gerät aus dem Blick, dass jeder der beiden auch eine für den anderen wichtige Seite lebt, und im konkreten Aufeinandertreffen der Unterschiedlichkeiten der beiden kommt es dann leicht zu Verletzungen: Eine Vereinbarung, die dem Dauer-Menschen wichtig ist, wird vom Partner »aus Versehen« nicht eingehalten. Oder der Wechsel-Mensch stellt die Wohnungseinrichtung um, ohne sich mit dem Partner abgestimmt zu haben, und dieser erlebt das als Rücksichtslosigkeit und Überfahren-Werden. Der Nähe-Mensch fühlt sich gekränkt, weil der Partner den Hochzeitstag übersehen hat, und der Distanz-Mensch fühlt sich abgewertet, weil er vom Partner immer wieder den Vorwurf bekommt, dass ihm die Beziehung vollkommen egal sei. So ließen sich viele Beispiele nennen, in denen die Gegensätze verletzend aufeinanderstoßen und Wunden bei beiden hinterlassen.

Eine große Rolle spielt dabei zusätzlich, *dass wir im alltäglichen Umgang mit dem Partner im Laufe der Zeit leicht unachtsam werden*, weil wir so im »Eigenen« gefangen sind, dass wir aus den Augen verlieren, was dem anderen im Unterschied zu uns wichtig ist. Darum verhalten wir uns spontan so, wie es *unserer* Eigenart entspricht, ohne die des anderen zu berücksichtigen. Dazu kommt, dass wir, wenn der Partner sich darüber beklagt, dazu neigen, *unser Verhalten mit allen möglichen Argumenten zu verteidigen*, weil wir ja nicht in eine »Unrechtsposition« geraten wollen: »Aber das war ja gar nicht so gemeint ...!«, »Aber ich wollte doch nur ...!«, »Aber du hast vorher doch auch ...!« Dadurch aber fühlt sich der verletzte Partner ganz und gar nicht verstanden. Entweder betont er dann seine Verletzung umso stärker, und der schon mehrmals erwähnte Teufelskreis der Eskalation kommt in Gang, weil der andere auch sein »Ja, aber« verstärken »muss«. Oder der Verletzte zieht sich gekränkt zurück, weil der andere ihn seinem Empfinden nach einfach abprallen lässt. Durch den weiteren Verlauf wird das Ganze dann meist wieder zugedeckt: Der Alltag geht weiter, die beiden reden nicht mehr darüber, man denkt auch nicht mehr daran – bis einer den anderen wieder an einem »wunden Punkt« erwischt. Solche und ähnliche Prozesse sind im Alltag der Paarbeziehung aufgrund unserer Unterschiedlichkeiten unvermeidbar. Sie sind aber für die Beziehung der beiden und für die Treue zueinander gefährlich.

Verletzungen gefährden die Treue

Wir haben es schon erwähnt: Grundlegend für heutige Paarbeziehungen und ein verbindliches Leben miteinander ist die Erfahrung: »Wir lieben einander. Ich liebe dich und fühle mich von dir geliebt. *Darum* will ich mit dir leben!« Während in früheren Zeiten viel »handgreiflichere« Dinge, wie sozialer Status, die finanzielle Situation und die Notwendigkeit, Nachwuchs zu bekommen, Grundlage des gemeinsamen Lebens und der Familie waren, ist es für uns heute die subjektiv erfahrene Liebe zueinander. Damit ist allerdings das eheliche Zusammenleben sehr viel verletzlicher geworden als früher. Alles hängt daran, ob es den beiden gelingt, ihre Liebe lebendig zu halten. Geht sie verloren, ist die Beziehung gefährdet – trotz gemeinsamer Kinder, trotz gemeinsamen Besitzes, trotz allem, was man miteinander aufgebaut hat. Die Scheidungsstatistiken führen uns das jedes Jahr vor Augen.

Nun ist es sicherlich so, dass derartige »kleine« Alltagsverletzungen, wie wir sie oben beschrieben haben, diese Grundlage nicht sofort zerstören. Aber: Sie sind nach unserem heutigen Empfinden nicht mehr nur irgendein Versehen oder das Vergessen einer Pflicht, die man für die Familie hat und nachholen kann, sondern *sie verletzen die Liebe*. Denn in der Liebe wollen wir ja vom anderen *ganz* verstanden und *ganz* berücksichtigt sein. So können auch kleine, nicht bereinigte Verletzungen zu einer Gefahr werden: Sie brechen aus dem Liebesfundament der Beziehung gleichsam immer wieder einen kleinen Stein heraus und machen so die Grundlage auf die Dauer brüchig.

Wir haben es am Beispiel von Nicola und Heinz, unserem älteren Paar vom Anfang, gesehen: Nicola fühlte sich immer wieder dadurch verletzt, dass Heinz wegging und anderswo und nicht mit ihr seinen persönlichen Austausch suchte, und Heinz fühlte sich verletzt durch die versteckten Manipulationsversuche von Nicola, ihn »bei der Stange« zu halten. Dadurch, dass sie sich mit diesen kleineren Verletzungen ihrer Liebe nicht wirklich auseinandersetzten, mündete dieser Prozess schließlich in die große Verletzung der Außenbeziehung von Heinz, und damit in die Aufkündigung seiner Treue.

Wenn aber, wie wir gesagt haben, derartige kleinere Alltagsverletzungen, die die Liebe untergraben, gar nicht vermeidbar sind, wie können wir dann so damit umgehen, dass es nicht zu solchen Eskalationen und Brüchen führt und dass die Treue nicht untergraben, sondern schließlich gestärkt wird?

Nur Vergeben hilft

Was den Umgang mit Verletzungen in Liebesbeziehungen angeht, scheint mir eine Tatsache von grundlegender Bedeutung zu sein, die oft nicht so klar gesehen wird: Solche Verletzungen können von dem, der sie begangen hat, nicht wiedergutgemacht werden. Wiedergutmachung im Sinn eines Ausgleichs ist in Liebesbeziehungen unmöglich.

Hier zeigt sich der Unterschied zwischen einer Liebesbeziehung und einer Gerechtigkeitsbeziehung, wie sie zum Beispiel unter Arbeitskollegen besteht. Die Gerechtigkeitsbeziehung baut darauf auf, dass jeder der Partner seinen Teil zur gemeinsamen Aufgabe beiträgt. Wenn einer dies versäumt hat, muss er es nachholen, und wenn er etwas falsch gemacht hat, muss er es korrigieren und damit »wiedergutmachen«. Dadurch wird ein Ausgleich geschaffen und die Gerechtigkeit im Hinblick auf den Partner wiederhergestellt. Bei der Gerechtigkeitsbeziehung ist es wie bei einem Konto: Wenn ich meinen Beitrag nicht leiste, gerate ich »in Schuld« und die Wiedergutmachung meiner Schuld besteht dann darin, dass ich den ausstehenden Betrag einzahle, dann »sind wir wieder quitt«.

In der Partnerschaft zwischen Mann und Frau gibt es natürlich auch eine solche Gerechtigkeitsbeziehung: Die beiden sind ja auch ein Arbeitsteam zur Bewältigung des gemeinsamen Lebens, und sie sind ein Elternteam, jeder muss in beiden Bereichen seinen gleichwertigen Beitrag leisten, unter Umständen auch mal nachholen und Defizite »wiedergutmachen«. Aber in der Gerechtigkeitsbeziehung erschöpft sich das Verhältnis der Partner zueinander nicht. Grundlage ihrer Beziehung ist nicht die partnerschaftliche Gerechtigkeit, so wichtig sie auch im Alltag des gemeinsamen Lebens ist, Grundlage ihrer Beziehung ist – wie gesagt – die Liebe. Und wer die Liebe zum anderen verletzt hat, kann daraufhin tun und leisten, was er will, er wird dadurch keinen »Ausgleich« beim anderen erreichen. Wer die Liebe zum anderen verletzt, bleibt auf dem »Liebes-Konto« im Minus – es sei denn, der andere, den er verletzt hat, verzeiht ihm die Verletzung. Und hier sind wir beim wesentlichen Punkt angelangt: Verletzungen können nur dadurch wieder gut werden, dass der Verletzte dem Verletzenden verzeiht. Mein Partner kann, wenn er mich verletzt hat, den Himmel für mich auf die Erde herunterholen: Wenn ich, der Verletzte, nicht bereit bin, ihm zu vergeben, bleibt seine

»Schuld« bestehen. Eine Liebesbeziehung wird nur durch das Verzeihen des Verletzten wiederhergestellt.

Alltagsverletzungen sind unvermeidlich, haben wir gesagt. Wir werden also mit einer gewissen Notwendigkeit am anderen und an der gegenseitigen Liebe schuldig. Und diese Schuld kann nur dadurch »beglichen« werden, dass wir dem, der uns verletzt hat, die Verletzung verzeihen. Nur Verzeihen stellt die Liebe wieder her, kann sie sogar vertiefen und reifer machen. Das bedeutet: Für eine lebendige, von Liebe getragene Beziehung braucht es die Beherrschung der »Kunst des Verzeihens«. Und weil wechselseitige kleinere Alltagsverletzungen unvermeidlich sind, kann man generell sagen: Eine glückliche Partnerschaft ist die Verbindung von zwei Verzeihenden[14], von zweien also, die über diese Kunst verfügen.

Schritte des Vergebens und der Versöhnung

Wie geht sie nun, diese Kunst des Vergebens und der Versöhnung? Worin besteht sie? Das soll im Folgenden dadurch verdeutlicht werden, dass wir verschiedene aufeinander folgende Schritte betrachten, die sich in der Alltagspraxis von Paaren bewährt haben. Der Einfachheit der Darstellung halber wird hier der Verletzte »Partner A« genannt und derjenige, der ihn verletzt hat, »Partner B«. Dabei bleibt natürlich offen, um wen es sich dabei jeweils handelt, um Mann oder Frau, und es ist davon auszugehen, dass die Rollen von »Verletztem« und »Verletzendem« in den verschiedenen Lebenssituation zwischen A und B auch wechseln[15].

Erster Schritt: Ansprechen
Die beiden haben einen Termin zu einer wichtigen Angelegenheit vereinbart, Partner B hat ihn vergessen. Dies erlebt Partner A als Verletzung. Die Vergebung dieser Verletzung

kann zuallererst dadurch verhindert werden, dass *das Verletzende an dem Verhalten von B von Partner A nicht angesprochen wird.* Dieser spürt wohl, dass ihm das »Vergessen« von B weh tut, weil ihm dieser Termin wichtig war. Er sagt sich aber: »Ach, ist doch nicht so schlimm, das kann ja mal vorkommen«, und schiebt das Gefühl der Verletzung weg. Partner B ist dadurch erleichtert, sagt ebenfalls nichts dazu und die beiden gehen wieder »zur Tagesordnung über«. Vielleicht versinkt die Verletzung dadurch wirklich in der Vergangenheit und ist damit erledigt. Aber recht häufig ist das nicht so, weil sie in der Seele des Verletzten Spuren hinterlassen hat: »Der Termin war mir so wichtig, und B hat ihn einfach vergessen …!« Eine kleine Wunde ist aufgerissen in der Seele von A, und wenn sie nicht beachtet wird, vernarbt sie zwar vielleicht, aber es bleibt eine »wunde Stelle« zurück und ein kleiner Stein aus dem Liebesfundament der Beziehung der beiden ist damit locker geworden oder sogar herausgebrochen. Und wenn sich Ähnliches wiederholt, kann es sein, dass sich immer mehr solche Steine anhäufen, und eines Tages bricht der ganze Haufen als Lawine über den anderen herein: »Du bist total unzuverlässig, immer wieder vergisst du, was du zugesagt hast, auf dich ist überhaupt kein Verlass ….« Aus der »kleinen« Verletzung ist eine Riesensache geworden, die – weil schon so vieles davon in der Vergangenheit liegt und nicht mehr ungeschehen gemacht werden kann – für den verletzten Partner ein Vergeben und Verzeihen sehr erschwert oder sogar unmöglich macht.

Mit anderen Worten heißt das: Merke ich, dass ich mich durch ein Verhalten des anderen verletzt fühle, oder merke ich, dass ich den anderen durch mein Verhalten verletzt habe, ist es wichtig, *dies zeitnah anzusprechen*: »Du, das verletzt mich aber jetzt wirklich, dass du ….« Oder: »Du, das hat mich heute Mittag wirklich sehr verletzt, dass du ….« Und ähnlich für Partner B: »Ich habe gemerkt, dass dich das heute Mittag doch ziemlich verletzt hat ….« Ist eine Verletzung geschehen, ist es in der Regel eine Illusion, zu meinen, durch »Darüber-Hinweggehen« könnte sie ungeschehen gemacht werden. Vielmehr ist die Gefahr sehr groß, dass sich in der Seele des Verletzten die Verletzungen als »unerledigte Angelegenheiten« ansammeln und irgendwann destruktiv für die Beziehung zum Durchbruch kommen. Also: Bald ansprechen!

Zweiter Schritt: Zugeben

Wenn die Verletzung angesprochen ist, ist nun vor allem Partner B dran. Die Gefahr besteht hier, wie schon angedeutet, darin, dass er anfängt, sich »herauszureden«: »Mir ist so was Wichtiges dazwischen gekommen, und dadurch habe ich es vergessen ...« Oder: »So fest haben wir das doch gar nicht vereinbart ...« Oder: »Aber das ist doch wirklich keine große Sache ...« Dadurch fühlt sich Partner A in seiner Verletztheit überhaupt nicht verstanden, und Eskalation oder Kontaktabbruch sind vorprogrammiert. Die Sache bleibt dann ebenfalls unerledigt. Das heißt also mit anderen Worten: Partner B bringt den Prozess des Vergebens nur dann voran, wenn er jetzt nicht abstreitet oder sich herausredet, sondern zugibt: »Ja, das ist mir passiert ...«, »Ja, das habe ich vergessen ....«

Es geht hier darum, dass B *Verantwortung für sein verletzendes Tun oder Unterlassen ausdrücklich übernimmt*. Das bedeutet »Eingeständnis«, in gewissem Sinn sogar *Schuldeingeständnis* und das empfinden wir als Betroffene meist gar nicht angenehm. Es *verlangt Demut*, eine nicht besonders angesehene Tugend: Ja, so ist es, das ist mir passiert, damit habe ich den anderen verletzt ....

Dies gilt auch dann, *wenn Partner B tatsächlich »nichts dafür kann«*, weil er zum Beispiel aufgehalten wurde, weil etwas dazwischen gekommen ist oder weil er die Angelegenheit ganz anders, zum Beispiel weniger schwerwiegend eingeschätzt hat als A – und dergleichen mehr. Auch dann besteht die Tatsache, dass dieses sein Verhalten den anderen verletzt hat und dass er, Partner B, dies verursacht hat – und dafür muss er die Verantwortung übernehmen. Diese Anerkennung, dass ich »schuldig« geworden bin, ist sehr hilfreich, sie erleichtert dem Verletzten den Schritt des Vergebens in aller Regel sehr.

Natürlich kann es hilfreich sein, wenn B dem Partner A eine Erklärung für sein verletzendes Verhalten liefert, in unserem Beispiel für sein »Vergessen« des Termins. Dafür kann es ja tatsächlich wichtige Ursachen geben, die den anderen verstehen lassen, wie es dazu gekommen ist. Es ist nur sehr darauf zu achten, dass eine solche Erklärung nicht, wie es meist geschieht, von B dafür eingesetzt wird, die Verletzung »wegzureden«: Dadurch wird sie nur wieder zur »unerledigten Angelegenheit«, die nicht bewältigt ist.

Dritter Schritt: Die Verletzung anerkennen und um Vergebung bitten

Auch dieser Schritt betrifft Partner B, den Verletzenden, und hängt eng mit dem vorausgehenden zusammen: Er muss Verständnis zeigen, dass er den anderen durch sein Verhalten verletzt hat, und ihn um Vergebung bitten: »Ich weiß, die Sache ist dir sehr wichtig, und ich verstehe, dass dich mein Vergessen verletzt. Bitte verzeih mir, dass ich dir das angetan habe!« Dieser Schritt ist ebenfalls eine wichtige Voraussetzung, A das Vergeben sehr zu erleichtern. Und auch diese Bitte verlangt Demut, weil B hier die eigene Ohnmacht eingesteht und seine Angewiesenheit auf den anderen zum Ausdruck bringt: Ich habe dich und damit unsere Liebe verletzt – und jetzt bin ich drauf angewiesen, dass du mir das verzeihst, sonst bleibt die Verletzung bestehen, ich kann machen, was ich will!

Vierter Schritt: Die Verletzung vergeben

Als Nächstes ist nun A mit dem entscheidenden Schritt dran, mit dem Schritt des Vergebens. *Vergeben bedeutet: »Es wieder gut sein lassen«.* Das heißt von Seiten des Verletzten: Verzicht auf weitere Vorwürfe, auf Rachegedanken und Rachehandlungen. Partner A, haben wir gesagt, fühlt sich durch das Verhalten von Partner B verletzt. B kann ihm das Vergeben durch die vorausgehend geschilderten Schritte erleichtern. Den Schritt des Verzeihens muss aber er, der Verletzte, selbst tun. *Verzeihen ist ein Willensakt des Verletzten,* ein eigener Entschluss, der ihm von niemandem abgenommen werden kann.

Hier zeigt sich eine große Gefahr in Liebesbeziehungen: Verletzungen, auch in »kleinen« Dingen, können da sehr weh tun. So liegt es gar nicht so fern, deshalb die Verletzung gleichsam »aufzubewahren« und *in ein Racheinstrument zu verwandeln,* indem der Verletzte sie bei Gelegenheit hervorholt und dem anderen um die Ohren schlägt: »Ja, ja, rede dich nur heraus! Wie oft hast du Vereinbarungen schon vergessen? Damals, und damals, und damals ….« Das ist ja in gewissem Sinn ein Ausgleichsversuch: der Verletzte fühlt sich durch die Verletzung des anderen abgewertet, »runtergemacht«, darum ist die Versuchung groß, sich in die »obere Position« des moralisch Besseren zu begeben und dem anderen seine moralische Minderwertigkeit um die Ohren zu schlagen. Aber dadurch kommt es natürlich nicht zu einem Ausgleich, vielmehr spielt es dem anderen jetzt nur die Möglichkeit zu, sich jetzt ungerecht behandelt zu fühlen und sich noch nachdrücklicher vor ihm zu rechtfertigen. Die Verletzung aber bleibt bestehen, und nicht nur das, sie vertieft sich noch, weil in solchen Auseinandersetzungen neue Verletzungen auf die alte gehäuft werden.

Verzeihen heißt, auf solche Aktionen zu verzichten, sich selbst auch solche Gefühle der Abwertung und Rache dem anderen gegenüber nicht mehr zu erlauben, sondern es »gut sein zu lassen«. Dies kommt darin zum Ausdruck, dass der Partner A zu Partner B etwa sagt: »Es tut mir gut, dass du siehst, dass mich das verletzt hat, und ich nehme deine Entschuldigung an. Ich verzeihe dir dein Vergessen. Es ist jetzt wieder gut zwischen uns!« Wenn sich die beiden dabei in die Augen schauen, und wenn sie sich – vor allem wenn es sich bei der Verletzung um etwas schwerer Wiegendes gehandelt hat – daraufhin in die Arme nehmen oder ihren Austausch mit Handschlag »besiegeln«, kann das die Wirksamkeit dieses Schrittes für Verzeihen und Versöhnung noch vertiefen und beiden auch körperlich spürbar machen.

Es wird Paaren nicht gelingen, einander nie zu verletzen, aber wenn sie in der beschriebenen Weise des Verzeihens miteinander umgehen, kann die Liebe dadurch nicht nur wiederhergestellt werden, sie kann sich sogar vertiefen und mehr Nähe zueinander ermöglichen. Denn beide sind dadurch vom »Thron der Unverletzlichkeit und Tadellosigkeit« heruntergestiegen, sie haben sich einander als verletzlich und fehlbar gezeigt und haben sich dadurch nochmal auf einer tieferen, einer sehr menschlichen Ebene getroffen.

Fünfter Schritt: Achtsamkeit erhöhen

Aufgrund unserer konstanten Tendenz zu einem bestimmten Pol unseres Polaritäten-Modells hin und aufgrund der fast unvermeidlichen Tendenz, dass unsere Achtsamkeit im Alltag der Paarbeziehung nachlässt[16], besteht natürlich die Gefahr, dass wir den Partner immer wieder auf ähnliche Weise und in einem ähnlichen Punkt verletzen. In unserem Beispiel tendiert Partner B wohl zum Wechsel-Pol, und damit besteht immer wieder die Gefahr, dass er das Dauer-Bedürfnis von Partner A zu wenig beachtet und ihn in diesem Punkt immer wieder verletzt: Durch Vergessen von Vereinbarungen, durch zu spätes Kommen, durch Nicht-Ernstnehmen von Abmachungen usw. Je öfter allerdings dem Partner B Verletzungen in ähnlicher Weise »passieren«, desto schwieriger wird es für A, auch immer wieder zu verzeihen, weil sich bei ihm der Eindruck festigt: Der andere nimmt mich in meinen Bedürfnissen ja gar nicht ernst, darum ändert er sein Verhalten nicht. Darum ist für den Prozess des wechselseitigen Vergebens auch von Bedeutung, dass der jeweils Verletzte in der darauffolgenden Zeit merkt: Beim andern ändert sich etwas. Zwar nicht immer und nicht in allen Bereichen, aber doch in bestimmten Punkten, die mir besonders wichtig sind, zum Beispiel bei Vereinbarungen für diese oder jene Angelegenheit. Da braucht Partner A die Erfahrung, dass B sein Verhalten tatsächlich spürbar ändert, sonst wird das von B ausgedrückte Bedauern unglaubwürdig und damit seine Bitte um Vergebung zur Floskel. Das bedeutet aber, dass Partner B seine Achtsamkeit in diesen bestimmten Punkten erhöht und hier sein Verhalten tatsächlich spürbar verändert, auch wenn es ihm nicht immer perfekt gelingen wird.

So lauten also die fünf wirksamen Schritte des Vergebens:

- **Erstens durch A oder B:** Ansprechen der Verletzung
- **Zweitens durch B:** Anerkennung der Tatsache der Verletzung
- **Drittens durch B:** Verstehen der Verletzung des anderen und Bitte um Verzeihung
- **Viertens durch A:** Ausdrückliches Vergeben durch den Verletzten
- **Fünftens durch B:** Erhöhte Achtsamkeit im weiteren Zusammenleben der beiden.

Was es noch zu beachten gilt

Im Folgenden soll noch auf einige Punkte hingewiesen werden, die es zu bedenken gilt, wenn Vergebung und Versöhnung in einer Beziehung immer wieder gelingen sollen.

Vergebung ohne Versöhnung

Wir haben davon gesprochen, welche Schritte für beide Partner wichtig sind, damit Vergeben erleichtert und Versöhnung möglich wird. Beides – Vergebung und Versöhnung – hängt aber nicht in jedem Fall zusammen. Vielmehr ist Vergebung auch ohne Versöhnung möglich. Ein Beispiel dafür ist die Frau, die sich entscheidet, den Rosenkrieg mit ihrem Ex-Mann um das Vermögen von ihrer Seite aus zu beenden und ihn auch nicht mehr weiter mit Rachegedanken zu verfolgen, auch wenn sie von ihm keine entsprechenden versöhnlichen Signale erhält. Hier gibt es keine Versöhnung der beiden. *Trotzdem ist der Frau die Entscheidung zum Vergeben möglich* – und dies wird für sie und die gemeinsamen Kinder die Situation sehr entspannen, auch wenn eine eigentliche Versöhnung zwischen den ehemaligen Partnern dadurch nicht zustande gekommen ist.

Partner A, der Verletzte, ist also für sein Vergeben auf die oben geschilderten Schritte von Partner B nicht unbedingt angewiesen. Er kann verzeihen, auch ohne diese Schritte. Wenn das Zusammenleben beider Partner aber nach Verletzungen gut weitergehen soll, dann braucht es auch den Beitrag des Verletzers in der geschilderten Weise: Indem er bereit ist, die Tatsache der Verletzung anzuerkennen, und dafür um Vergebung zu bitten. Vergebung ist also auch einseitig möglich, zur Versöhnung aber, also zur Wiederherstellung oder Neubelebung der Liebe der beiden braucht es auch den Beitrag dessen, der den anderen verletzt hat.

Sich selbst vergeben können

Wenn ein Partner große Probleme damit hat, anzuerkennen, dass er in diesem oder jenem Punkt seinen Partner verletzt hat, und wenn er sich da immer wieder herausreden »muss«, lohnt sich für ihn die Frage: »Wehre ich mich vielleicht deshalb so dagegen, weil ich mir mein Tun oder Lassen in diesem

Punkt selbst nicht verzeihen kann?« Wenn ich selbst den Anspruch habe, immer »unschuldig« und in diesem Punkt »perfekt« zu sein, dann »muss« ich mich natürlich auch dagegen wehren, wenn der Partner mir signalisiert, ich hätte ihn durch dieses oder jenes verletzt. Denn durch mein Eingeständnis würde ich ja die Tatsache anerkennen, dass ich eben nicht perfekt bin und dass ich es nicht immer allen recht machen kann. Ich muss mir also mein nicht angemessenes Verhalten dem Partner gegenüber selbst verzeihen können, dann kann ich den anderen auch um Verzeihung bitten. Das wechselseitige Verzeihen in Paarbeziehungen klappt also dann am besten, wenn jeder der beiden Partner anerkennt, dass er in seinen Möglichkeiten so begrenzt ist, dass er auch bei bestem Willen seinem Partner nie hundertprozentig gerecht werden kann, dass er also manchmal auch eine »Zumutung« für seinen Partner ist und deshalb angewiesen bleibt auf dessen Toleranz und Barmherzigkeit.

Übergroße Verletzlichkeit

Wenn einer der Partner immer wieder merkt, dass er sich wirklich sehr, sehr oft vom Partner verletzt fühlt und dies wegen – objektiv betrachtet – Kleinigkeiten, und wenn ihm womöglich auch von Freunden eine Überverletzlichkeit signalisiert wird, lohnt sich die Frage: »Ist da was dran?« Erfahrungen in früheren Beziehungen, vor allem *Erfahrungen in der Herkunftsfamilie* können tatsächlich zum Entstehen von Überempfindlichkeit geführt haben: Wenn zum Beispiel die intellektuellen Fähigkeiten einer Frau in ihrer Kindheit von Vater und/oder Mutter ständig infrage gestellt wurden, dann kann es sein, dass eine tatsächlich »harmlose« Bemerkung ihres Partners, wie zum Beispiel »Das muss ich dir, meine ich, nochmals erklären!« sogleich »in diese Kerbe haut«: »Der macht mich in meinen Fähigkeiten genauso herunter wie mein Vater/meine Mutter!«

Natürlich gehört es zu einer Liebesbeziehung dazu, dass der Partner, wenn er von solchen Verletzlichkeiten weiß, bei den entsprechenden Themen besonders achtsam mit dem anderen umgeht. Es ist in solchen und ähnlichen Fällen aber auch Aufgabe dessen, der sich so leicht verletzt fühlt, danach zu schauen, welche »wunden Punkte« er aus früheren Erfahrungen schon mitbringt. Dann kann er in der konkreten Situation lernen, seine Verletztheitsgefühle zu relativieren und sie nicht mehr dem Partner in die Schuhe zu schieben, sondern sie dorthin »zurückzubringen«, wo sie eigentlich hin gehören.

»Wiedergutmachung«

Wir haben schon gesagt: Wiedergutmachung der Verletzung durch den verletzenden Partner ist in dem Sinn nicht möglich, dass dieser etwas für den anderen tut, was das entstandene »Defizit im Liebeskonto« im strengen Sinn des Wortes wieder ausgleicht. »Ausgleich«, haben wir gesagt, gibt es in diesem Fall nur durch das Verzeihen des Verletzten. Dennoch, und das soll hier noch angefügt werden, kann »Wiedergutmachung« in einem übertragenen Sinn für die Versöhnung der beiden nach einer Verletzung auch eine hilfreiche Rolle spielen. Am besten lässt sich das an einem Beispiel deutlich machen:

Rike und Raphael waren an einem Sonntagnachmittag bei Freunden zu Besuch. Rike erzählte diesen begeistert von einer Gruppe gleichgesinnter Frauen, der sie seit kurzer Zeit angehört, und Raphael fühlte sich dadurch veranlasst, immer wieder lächerlich machende Bemerkungen über diese Frauen und Rikes Begeisterung einzustreuen. Auf der Heimfahrt merkte er, dass seine Frau wütend auf ihn war, und sie machte ihm auch den Grund dafür sehr deutlich: Sein abwertendes Verhalten den Freunden gegenüber. Raphael konnte das einsehen, er erkannte die Verletzung an und entschuldigte sich bei Rike dafür. Sie war zum Verzeihen auch bereit, aber Raphael merkte, dass dies ihre Stimmung nicht wirklich hob und immer noch Groll da war. Da kam ihm folgender Einfall: »Du Rike, ich möchte nicht, dass ich uns dadurch den heutigen Abend vollkommen versaut habe. Hör mal, ich biete dir an, für uns zu kochen, sodass du in dieser Zeit noch deine Sachen am PC erledigen kannst, und dann lade ich dich zum Abendessen ein, und wir lassen diesen unerquicklichen Nachmittag hinter uns. Was hältst du davon?« Das gefiel Rike ausgesprochen gut, Raphael konnte ausgezeichnet kochen, hatte aber in letzter Zeit wenig Lust dazu gezeigt. Sie war einverstanden, konnte am PC wichtige Rückstände für die kommende Woche aufarbeiten, und die Kochkünste Raphaels und sein Engagement dabei ließen den Nachmittag tatsächlich verblassen. Ihre Stimmung verbesserte sich zusehends und sie hatten noch einen schönen Abend miteinander.

An diesem Beispiel wird deutlich, in welchem Sinn es auch »Wiedergutmachung« durch den, der verletzt hat, geben kann: Er kann wie Raphael ein Angebot machen, das dem Partner zeigt, wie ernst es ihm mit seiner Bitte um Verzeihung ist. Er kann die Verzeihung des Partners damit *nicht bewirken.* Der Partner muss bereit sein, das vorgeschlagene Tun als Zeichen des Versöhnungswillens anzuerkennen und anzunehmen. Dann können aber solche »Wiedergutmachungen« durch den, der den anderen verletzt hat, tatsächlich eine Hilfe sein, die Verletzung gut sein zu lassen und in ihrer negativen Wirkung aus der Welt zu schaffen.

Zum Schluss dieses Kapitels sollen zwei Aussagen von oben noch einmal wiederholt werden, weil sie so wichtig sind: Verzeihen ist ein Willensakt, ein Entschluss des Verletzten. Und: Was verziehen ist, ist nur dann wirklich verziehen, wenn es im Austausch der beiden Partner nicht mehr als Vorwurf verwendet wird. Wenn diese beiden Dinge vor allem beachtet werden, dann verschwindet die für die Liebe zerstörerische Wirkung der Verletzung aus der Beziehung, ja macht sie sogar reicher und tiefer, weil »menschlicher«.

Treue und Vergebung

Wir haben gesagt: Zu einer verbindlichen Liebesbeziehung gehört die Treue der Partner, und darum zum Eingehen einer solchen Beziehung auch das Absichts-Treue-Versprechen der beiden. Dieses muss im Laufe einer Beziehung immer wieder gleichsam »erneuert« werden, indem die Partner verhindern, dass Konflikte chronisch werden und sich immer mehr verhärten. Ein Weg zur Verhärtung von Konflikten kann auch darin bestehen, dass Partner die unvermeidlichen gegenseitigen kleinen Verletzungen des Alltags, die sie sich zufügen, nicht genügend beachten, sondern darüber hinweggehen, sodass sie sich in ihren Seelen als unerledigte Angelegenheiten anhäufen und so schließlich zum Bruch führen. Darum ist es nötig, immer wieder die Kunst der Vergebung zu üben, und somit ist dieses wechselseitige Vergeben auch immer wieder *eine Erneuerung der gegenseitigen Treue*: Eine glückliche Paarbeziehung ist die Gemeinschaft von zwei Vergebenden!

10. Kapitel
Sexualität und Treue

Wir haben gesehen: Immer wieder der Tendenz entgegenzu-
steuern, dass Konflikte sich verhärten und zu Streit oder auch
zu Resignation führen, ist die zentrale Aufgabe von Paaren,
die ihr Leben miteinander teilen, damit ihre Treue zueinander lebendig bleibt. In diesem Zusammenhang soll hier auch
noch von einem sehr wichtigen Thema die Rede sein: Von der
Pflege ihrer sexuellen Beziehung.

Das Dilemma

Die zentrale Schwierigkeit, die hier fast immer auftaucht, ist
die folgende: Für die sexuelle Anziehung spielt der *Reiz des
Neuen* eine große Rolle. Das erleben alle Paare in der Phase
der Verliebtheit. Neben der Tatsache, dass der vitale Trieb des
jungen Mannes, der jungen Frau sich entfalten und befriedigt
werden will, erleben die beiden sich aufgrund ihrer vielleicht
bisher noch kaum erlebten und sich ideal ergänzenden Unterschiedlichkeit auch im sexuellen Bereich ungemein anziehend
und anregend. Das verschafft ihnen häufig Stunden höchster
emotionaler Intensität. Wenn sie sich dann – nicht nur, aber
auch – aufgrund solcher beseligenden Erfahrungen entschieden
haben, ein Paar zu werden und miteinander auch den Alltag zu
leben, ändert sich allerdings im Laufe der Zeit diese Situation.

Man gewöhnt sich aneinander. Das schafft auch etwas sehr
Positives, nämlich wachsende Vertrautheit miteinander.
Man weiß den anderen – körperlich und seelisch – in seiner

Nähe und kann sich ohne Umschweife über dieses und jenes mit ihm verständigen. Die andere Seite ist allerdings: *Die eigene Art des anderen verliert ihre Besonderheit. Das schwächt seine Anziehungskraft.* Außerdem wirkt ent-erotisierend, dass an der Eigenart des anderen, wie wir schon erwähnt haben und wie jeder länger Verheiratete weiß, auch weniger Attraktives deutlich wird. Der Nähe-Mensch wird manchmal auch lästig anhänglich für den Distanz-Menschen, der Wechsel-Mensch für den dauerhafteren Partner manchmal zu unruhig ....

Damit setzt ein Prozess ein, der der Treue auch in einer durchaus sehr lebendigen Beziehung gefährlich werden kann und häufig zu Brüchen führt: Man schläft nicht mehr so oft miteinander. Manchmal sogar nur noch recht selten, »zu allen heiligen Zeiten« .... Und in langjährigen Beziehungen hört man damit gar nicht so selten überhaupt auf. Zur Abschwächung des sexuellen Bedürfnisses trägt hier natürlich auch bei, dass mit dem fortschreitenden Alter auch die Triebstärke nachlässt, dass bei den Frauen bei Einsetzen des Klimateriums der Hormonhaushalt durcheinandergerät und dass die Stärke der Erektion bei den Männern ab der Lebensmitte allmählich abnimmt.

Dieser Prozess, sich sexuell voneinander »zu entwöhnen«, muss dabei durchaus nicht mit sich verhärtenden Konflikten, wie sie hier beschrieben wurden, zu tun haben. Er wird oft auch von Paaren erlebt, die ziemlich konfliktfrei leben bzw. recht konstruktiv mit ihrem Leben, auch mit den auftauchenden Konflikten umgehen, die also durchaus eine lebendige Beziehung zueinander pflegen. Oft ist es so, dass bei solchen Paaren zwar manchmal der eine, manchmal der andere dadurch etwas beunruhigt ist, das Thema auch noch anspricht und so wieder »einen Anlauf nimmt«. Aber das wird seltener und hört schließlich ganz auf. Denn: Je länger man nicht miteinander schläft, desto höher wird auch die Barriere, die es zu überwinden gilt, um wieder darauf zuzugehen, darüber zu reden und Verhaltensänderungen in die Wege zu leiten. Gar nicht selten schläft so die gemeinsame Sexualität ganz ein. Man verspürt einfach kein Bedürfnis mehr danach .... Aber hier öffnet sich eine gefährliche Falle!

Das Bedürfnis ist nämlich immer noch da, auch wenn es »schläft«. Die körperliche Vitalität dafür ist heutzutage sogar noch viel länger vorhanden als es in früheren Jahrzehnten bei Paaren gleichen Alters der Fall war. Hier droht Gefahr! Zum Beispiel dadurch, dass der Mann eine neue, junge und attraktive Mitarbeiterin oder die Frau einen zugewandten und lebendig-vitalen Kollegen bekommt. Plötzlich ist – ähnlich wie in der Verliebtheitsphase mit dem eigenen Partner – das sexuelle Begehren in voller Stärke wieder da und drängt nach Befriedigung, aber nun mit dem/mit der »anderen« .... Welche emotionalen Tragödien dies dann beim Partner auslösen und wie sehr dies zur Gefährdung des Bestands der Beziehung werden kann, das erleben wir Paartherapeuten fast jeden Tag!

Kurz und nüchtern ausgedrückt heißt das: Das sexuelle Bedürfnis wird durch den Reiz des Neuen immer wieder angeregt. Durch die Gewöhnung an den Partner (und durch die vielen Aufgaben des Alltags) wird es weniger oder hört, nicht nur in Richtung auf den Partner, sondern manchmal überhaupt auf, spürbar zu sein. *Der Reiz des fremden Neuen weckt es dann aber wieder zu voller Stärke,* und das führt zur sexuellen Untreue. Dieser Ablauf ist in der heutigen Zeit sehr oft festzustellen. Dennoch wird er im Erleben der Beteiligten nicht als »alltäglich« erlebt: Er löst emotionale Tragödien aus, die häufig zum Zerbrechen sogar oft langjähriger Ehen führen, nicht selten auch im bereits vorgerückten Alter der Partner, denen die sexuelle Faszination in der Fremdbeziehung einen (oft illusorischen) Neubeginn verheißt.

Immer wieder zeigt sich in Umfragen wissenschaftlicher Untersuchungen: Es gibt nichts Verletzenderes als die sexuelle Untreue des Partners, und zwar auch dann, wenn die eigene Sexualität der Partner schon mehr oder weniger »eingeschlafen« ist. Die emotionale Wucht solcher Tragödien ist für mich übrigens ein wichtiger Beleg für die hier vertretene These: Zur verbindlichen Beziehung gehört auch die sexuelle Treue – bei allen Schwierigkeiten, die damit in der heutigen Zeit der sexuellen Liberalität und der Allgegenwart sexueller Reize gegeben sind. Was können Paare angesichts dieser Situation tun?

Zwei Arten von Sexualität

In diesem Zusammenhang finde ich die Auffassung des Schweizer Paartherapeuten Jürg Willi sehr hilfreich. Er unterscheidet zwei Arten von Sexualität[17]: Die »Sexualität der Leidenschaft« und die »Sexualität der Zugehörigkeit«. Die Sexualität der Leidenschaft wird vom vitalen Trieb gesteuert und vor allem in Verliebtheitsphasen erlebt, wie wir es oben angedeutet haben. Die Sexualität der Zugehörigkeit ist im Unterschied dazu jene Sexualität, die von Paaren in ihrem Alltag bewusst gepflegt wird. Das soll nicht heißen, dass der vitale Trieb hier keine Rolle mehr spielt oder spielen sollte, aber er steht nicht so im Vordergrund. Im Vordergrund steht die Überzeugung, dass der sexuelle Kontakt miteinander von zentraler Bedeutung für das Erleben und die Erhaltung gemeinsamer Intimität ist und deshalb für die Treue zueinander bewusst immer wieder gepflegt werden muss. Darum entscheiden sich die Partner immer wieder bewusst dafür, auch diesen Bereich ihrer körperlichen Begegnung zu pflegen, ob der Anteil der Leidenschaft dabei groß oder nicht groß ist, ob er gleich ist oder recht unterschiedlich, ob es sie zueinander drängt oder einer eher nur »mitmacht«, weil er weiß, dass oft »der Appetit erst beim Essen kommt« oder sich nur deshalb darauf einlässt, weil er spürt, dass es dem anderen jetzt so wichtig ist ….

Was die Sexualität der Zugehörigkeit braucht

Hier wird aktuell, was der Sexualtherapeut Ulrich Clement in einem Artikel in einer Psychologischen Fachzeitschrift vor einiger Zeit betonte: »Sexualität in der Dauerbeziehung muss man wollen«[18]. Das heißt: Es ist illusorisch, darauf zu warten, dass einen die Leidenschaft dann noch zueinander treibt, man muss sich dafür entscheiden, darauf zuzugehen und Sexualität bewusst zu pflegen. Was heißt das?

Regelmäßigkeit des sexuellen Kontakts

Zu lange Pausen dazwischen fördern den beschriebenen »Entwöhnungsprozess« und machen die Tabu-Schranken immer höher. Wie groß die Pausen dazwischen sein sollen, mag jedes Paar für sich entscheiden. Wichtig ist nur, dass es eine gewisse Regelmäßigkeit dafür gibt. Damit diese erhalten bleibt, kann hilfreich sein:

Einplanen bestimmter Zeiten und Räume

Man spricht miteinander ab, wann und wo man sich in bestimmten Abständen (zum Beispiel an einem bestimmten Wochentag im achttägigen Rhythmus) der Pflege der körperlichen Begegnung widmen wird. Dies ist vor allem für Paare hilfreich und für das Zustandekommen manchmal sogar nötig, die in dem oben beschriebenen Teufelskreis gefangen sind, dass beide eigentlich möchten, aber sich keiner mehr zutraut, es anzusprechen und die Initiative dafür zu ergreifen. Wenn beide wissen: »Am Samstag, wenn die beiden Kleinen schon schlafen (die wir vorher miteinander ins Bett gebracht haben), dann beginnt unsere Zeit!« Oder: Am Sonntagnachmittag, den unser Sohn immer mit seinem Freund beim Fußball verbringt, von … bis …: Da treffen wir uns im Schlafzimmer!« Auch für Paare in fortgeschrittenerem Alter, wenn die Kinder schon aus dem Haus sind, kann es hilfreich sein, sich solche festen Termine zu setzen: So können das eingetretene Schweigen und die dadurch errichteten »Tabu-Schranken« durchbrochen werden!

Wechselseitige Initiative

Auch hier gilt: Wenn immer nur einer dafür sorgt, dass »es stattfindet«, wird die Sache auf die Dauer prekär: Dieser eine hat dann sehr bald das Gefühl, die Verantwortung liege allein bei ihm und der andere wolle ja vielleicht gar nicht mehr. So wird es für ihn immer mehr zu einer Belastung, wenn nur er für das Thema sorgt. Wichtig für diese Wechselseitigkeit ist, dass *beide* wirklich entschlossen sind, diesen Bereich zu pflegen, und diese Entschlossenheit innerlich und im Austausch miteinander auch immer wieder erneuern: »Ja, ich will/wir wollen auch diesen Bereich miteinander pflegen!« Manchmal kann es dafür auch hilfreich sein, die Wechselseitigkeit ausdrücklich zu vereinbaren: »Das eine Mal, wenn ich dran bin, überlege *ich* mir, wie wir den Einstieg gestalten, das andere Mal, wenn du dran bist, überlegst *du* es dir!«

Abwechslung

Was hier gemeint ist, ist nicht, dass es jedes Mal vollkommen »anders« verlaufen muss. Dies wäre eine unnötige Überforderung. Es soll auch im sexuellen Bereich das Vertraute geben, das sich wiederholt, weil es sich bewährt hat und weil es guttut. Trotzdem ist es natürlich hilfreich, wenn ab und zu – und zwar wieder von beiden Seiten! – auch neue Impulse gesetzt werden. Zum Beispiel kann es sein, dass einer eine Sendung im Fernsehen gesehen oder ein Buch gelesen hat, wodurch er von einer körperlichen Praktik erfahren hat, die ihm einleuchtet und die ihn zum Ausprobieren reizt. Dann soll er das mit seinem Partner besprechen, und wenn es dessen Empfinden nicht zu stark widerspricht, sollen sie den Mut haben, es miteinander auszuprobieren. So haben gerade langjährige

Paare durch Bücher wie zum Beispiel »Slow Sex« von Diana Richardson (s. Literaturverzeichnis) sehr wertvolle Anregungen erhalten.

Tabus abbauen

Gerade dann, wenn man schon längere Zeit keine Sexualität mehr miteinander praktiziert hat, und vor allem dann, wenn das Alter der Paare den Verdacht aufkommen lässt, dass es vielleicht nicht mehr so richtig geht, wird es sehr wichtig, den Mut aufzubringen, neue Wege zu beschreiten. Dass Paare in ihrer sexuellen Praxis erlahmen, hat oft auch damit zu tun, dass der immer gleiche Ablauf einem von beiden oder beiden auf die Nerven zu gehen beginnt. Oft spielt sich dabei auch ein, dass eine bestimmte Abfolge »sein muss«, auch wenn dazu gar keine Lust oder (noch) gar keine körperliche Bereitschaft da ist, zum Beispiel nach einer Reihe von Zärtlichkeiten das Eindringen des Penis – ob die Scheide der Frau nun schon richtig feucht ist oder nicht. Wenn ihr das dann wehtut, wirkt dies natürlich als Lusttöter erster Ordnung .... Mit anderen Worten heißt das: Es muss nicht immer gleich sein. Es kann auch mal ganz anders sein. Es kann sein, dass ich gar keine große Lust verspüre, der Partner aber offensichtlich schon: also befriedige ich ihn mit der Hand. Oder ich »assistiere« liebevoll dabei, wenn er/sie sich selbst befriedigt, indem ich ihn/sie dabei liebevoll im Arm halte. Es muss auch nicht immer zum gleichzeitigen Orgasmus kommen! Es muss überhaupt nicht immer zum Orgasmus kommen! Es kann auch sein, dass es bei der genussvollen, körperlichen Zärtlichkeit bleibt, die in Wellen kommt und geht – und dabei kann es auch mal bleiben[19]! Hier kann sich dem Paar übrigens eine ganz neue erotische Qualität öffnen: Nicht mehr die laute Explosion ist das Wichtigste, sondern der leisere erotisch-körperliche Genuss wird immer wichtiger und ist das, was zutiefst befriedigend erlebt wird. Dies ist nach der Erfahrung vieler langjähriger Paare der große Gewinn der

Sexualität der Zugehörigkeit gegenüber der Sexualität der Leidenschaft.

Pflege der individuellen Autonomie

Wenn die Sexualität bei länger zusammenlebenden Paaren »einschläft«, kann dies auch noch die Ursache haben, dass sich zwischen Mann und Frau so etwas wie ein »innerfamiliäres Inzest-Tabu« aufgerichtet hat. Was ist damit gemeint? Schon bei vielen Säugetierarten zeigt sich, dass es zwischen den Jungtieren und deren Eltern keine Sexualität gibt. Diese Art Sexualität wäre ja Inzest, und davor hat die Natur Schranken errichtet, um Degeneration zu verhindern. In der Regel wird die gleiche Tabu-Schranke unter Menschen zwischen Eltern und deren Kindern erlebt. Nun kann man aber beobachten, dass sich zwischen manchen Eheleuten Beziehungsmuster eingespielt haben, die eher Mutter-Sohn- oder Vater-Tochter-Beziehungen gleichen als Mann-Frau-Beziehungen. Es gibt zwischen ihnen viel *elterlich-kindliche* Nähe, aber wenig autonome, gleichwertige erwachsene Distanz. Kein Wunder, dass auch zwischen ihnen eine Art innerfamiliäres Inzest-Tabu entsteht, welches das sexuelle Begehren drosselt, ja erstickt.

Aus diesem Grund betonen heutige Sexualtherapeuten immer wieder (vgl. dazu im Verzeichnis die Literatur von Clement, Perel, Schnarch): Zu viel Nähe zwischen Ehepartnern wandelt sich leicht in eine solche Art Eltern-Kind-Nähe, und das lässt ein sexuelles Begehren nicht mehr aufkommen. Darum sagen sie: Eine kraftvolle Autonomie beider Partner – und das bedeutet auch die Pflege ihrer individuellen Distanz zueinander – bringt in das sexuelle Erleben miteinander immer wieder auch Intensität hinein. Wenn jeder für sich eine interessante Persönlichkeit ist, mit eigenen Interessen, eigenen ausgeprägten Persönlichkeitsmerkmalen, eigenen Überzeugungen, dann bleibt er auch in der Sexualität für den anderen interessant und anziehend. Dies gilt für den gesamten Lebensvollzug, es gilt aber natürlich auch für die Sexualität selbst.

Das beinhaltet – nicht nur, aber auch –, dass ich mit dem Partner im Austausch darüber bleibe, was mir im sexuellen Zusammensein wieder einmal Spaß machen würde. Welche Fantasien stellen sich bei mir ein, wenn ich an sexuelles Erleben denke? Was möchte ich doch wieder einmal ausprobieren? Es ist erstaunlich, wie in unserer freizügigen Gesellschaft gerade in engen Alltagsbeziehungen ein Austausch über solche Themen tabuisiert ist! Dieses Tabu zu durchbrechen und mit dem Partner immer wieder Austausch darüber zu pflegen, was ihm, was mir wieder einmal Spaß machen würde, kann ebenfalls die Sexualität auch in der langjährigen Alltagsbeziehung eines Paares wieder beleben.

Zum Schluss dieses Abschnittes möchte ich nochmals deutlich machen: Unabhängig davon, ob eine Beziehung in chronischen Konflikten erstarrt ist oder ob die Partner hier in einem lebendigen Austausch geblieben sind, hat die partnerschaftliche Sexualität über die Zeit hin die Eigenschaft, allmählich weniger interessant und weniger attraktiv zu werden, weil sich der Reiz des Neuen verliert. Darum müssen Paare ganz besonders auf ihre Pflege in dem beschriebenen Sinn achten, sonst kann es hier zu den so oft erlebten schlimmen Untreue-Tragödien kommen, die das Ende einer Beziehung bedeuten, obwohl diese eigentlich gut und befriedigend war und weiter hätte bestehen können.

11. Kapitel
Treue als gemeinsamer Prozess

Aus den vorausgehenden Kapiteln dürfte deutlich geworden sein: Für Paare in der heutigen Zeit und unter den heutigen Bedingungen ist ein Versprechen, das die sexuelle Treue in einer auf Dauer angelegten Paarbeziehung ein für alle Mal festlegen soll, unmöglich geworden. Andererseits ist sexuelle Treue jedoch ein Grundbedürfnis, ohne dessen Erfüllung eine glückliche Paarbeziehung nicht möglich ist, weil gerade im körperlichen Bereich die Intimität eines Paares sonst zu sehr verunsichert oder zu tief verletzt wird. Deshalb haben wir von der Sinnhaftigkeit oder sogar Notwendigkeit eines Absichts-Treue-Versprechens am Anfang einer auf Dauer angelegten Paarbeziehung gesprochen und dargelegt, wie dieses Treueversprechen von beiden Partnern immer wieder realisiert und aktualisiert werden muss dadurch, dass sie die Verhärtung ihrer Konflikte verhindern.

Konflikte, an deren Lösung Partner ständig scheitern oder angesichts derer sie sich in Resignation zurückziehen oder zurückgezogen haben, lösen auf die Dauer dieses Absichts-Treue-Versprechen gleichsam in Luft auf. Weiterhin treu zu bleiben, kann sinnlos oder sogar schädlich werden, wie wir am Beispiel unseres älteren Paares Heinz und Nicola gezeigt haben. Dem gegenüber kann Treue lebendig, sehr wichtig und sehr erfüllend bleiben und immer wieder werden, wenn es dem Paar gelingt, seine Beziehung in einer lebendigen Balance zu halten, in der Balance zwischen der Treue zu sich selbst und der Treue zum anderen – so wie ich es mit Hilfe des Polaritäten-Modells aufgezeigt habe. Treue ist also kein feststehender Tatbestand, sondern ein lebenslanger Prozess. Darauf soll jetzt noch unter einigen wichtigen ergänzenden Aspekten eingegangen werden.

Das Treueversprechen erneuern

Um in einer Beziehung wichtige Prozesse in Gang zu halten oder immer wieder in Gang zu bringen, können *Rituale* sehr nützlich sein, besonders dann, wenn es sich um Prozesse handelt, die durch unsere vielfache Beanspruchung im Alltag leicht in den Hintergrund geraten, und das sind – vor allem in der Familienphase der Paarbeziehung – häufig jene Prozesse, die das Paar als Paar betreffen. Dieselben Personen bilden ja in einer Familie gleich mehrere unterschiedliche »soziale Systeme«: Mann und Frau sind ein Liebespaar (die zusammen sind, weil sie sich lieben), sie sind aber auch ein Arbeitspaar (zur Bewältigung des Alltags), ein Elternpaar (in der gemeinsamen Verantwortung für ihre Kinder) und ein Berufspaar (gemeinsam, wenn sie z.B. miteinander einen Betrieb führen, oder jeder einzeln, wenn beide unterschiedlichen Berufssystemen angehören). Die Aufgaben in jedem »System« sind sehr unterschiedlich, aber sie überschneiden sich und darum ist die Gefahr sehr groß, dass manche Systeme nicht mehr genügend zum Tragen kommen, wenn andere, zum Beispiel die Elternschaft und die Berufe, zu sehr in den Vordergrund treten. Dies betrifft in der »Rush hour« der Familie – in der Zeit des Berufsaufbaus und der noch kleinen Kinder – vor allem das System »Liebespaar«, das hier sehr oft »auf der Strecke bleibt«.

Rituale, die das Paar miteinander beschließt und in sein Leben einbaut, können dieser Tendenz sehr *wirksam entgegensteuern*. Wir haben oben beim Umgang mit den eigenen Unterschiedlichkeiten (Polaritäten) bereits darüber gesprochen. Sich einmal in der Woche Zeit für ein ungestörtes Gespräch mit dem Partner zu nehmen, ist zum Beispiel ein solches Ritual, das speziell der Pflege der Zweierbeziehung von Mann und Frau dient – wenn es verbindlich eingehalten wird. In unserem Zusammenhang könnte es ein Ritual zur Treue sein, die das Thema und alles, was damit zusammenhängt, zwischen den Partnern wach hält und ihm immer wieder Gewicht verleiht.

Ich will ein Beispiel dafür geben: Die Partner wählen als Erstes einen besonders geeigneten Anlass, zum Beispiel den jeweiligen Hochzeitstag, oder den »Verliebungstag« (den Tag, an dem es bei ihnen so richtig »gezündet« hat, falls der noch genau erinnerbar ist), oder den Tag des Einzugs in die gemeinsame Wohnung oder dergleichen. Neben anderen angenehmen »Veranstaltungen«, wie einem gemeinsamen Essen in einem geliebten Lokal (während Oma und Opa auf die Kinder aufpassen...), vereinbaren sie hier den Austausch über das »Treue-Thema«. Sie wählen dafür einen ungestörten Raum und entzünden eine dafür vorgesehene Kerze, die sogenannte »Treue-Kerze«, und ziehen dann Bilanz.

Bei dieser Bilanz geht es in erster Linie um die Frage: Wo stehen wir in unserer Beziehung? Beide können dies auf einer improvisierten Skala zwischen 1 und 10 einschätzen. 10 würde heißen: »Ich finde, wir sind in einem befriedigenden und lebendigen Prozess miteinander«, 1 würde heißen »Ich erlebe uns als festgefahren, weit auseinander, ganz und gar unlebendig und erstarrt ...«. Von da ausgehend tauschen sie dann aus, was gut war, und darüber freuen sie sich! Und als nächstes geht es um die Fragen: Gibt es Konfliktkonstellationen, an denen wir immer wieder eskalieren? Oder hat einer der beiden oder haben beide schon resigniert, die Sache anzusprechen, sich damit auseinanderzusetzen? Und was ist hier nötig? Kristallisiert sich ein Thema heraus, dem wir beide besondere Aufmerksamkeit schenken sollten? Kommen wir damit allein klar oder bräuchte es hier Hilfe von einem Dritten, beispielsweise in einer professionellen Beratung?

Es geht bei diesem Austausch vor der brennenden »Treue-Kerze« also nicht in erster Linie darum, ob meine Treue besondere Anfechtung durch einen anderen Mann oder eine andere Frau erfahren hat, sondern darum, wie es mit unserer Beziehung in Bezug auf Lebendigkeit oder Erstarrung insgesamt steht. Wenn es aber so ist, dass es da jemanden gibt, der auch für die Treue eines der Partner eine besondere »Versuchung« darstellt, dann ist dies natürlich umso mehr Anlass, sich in besonderer Ernsthaftigkeit über unsere Beziehung und deren Qualität auszutauschen. Denn die Wahrscheinlichkeit, dass mir ein anderer/eine andere zur ernsthaften »Versuchung« wurde, ist sehr gering, wenn wir in Bezug auf unsere Paarbeziehung in einem konstruktiven Prozess geblieben sind.

Und sollte es doch so sein, dass eine/r fremd gegangen ist, *obwohl* die Beziehung sonst wirklich in Ordnung und lebendig war (im oben beschriebenen Sinn), lautet mein dringender (und vielleicht für manchen schockierender) Rat: »Behalte diesen Seitensprung bitte für dich! Benutze den anderen nicht als Beichtvater, um dein schlechtes Gewissen loszuwerden! Mach dir für dich klar, was da los war bei dir selbst, und verschone den anderen vor dieser Beichte!« Man sollte allerdings diesem Rat *nicht zu schnell folgen!* Denn sehr häufig sind Seitensprünge eben doch ein Symptom für eine nicht mehr lebendige Partnerbeziehung, nur hat man sich darüber keine Rechenschaft gegeben. Es kann allerdings auch Situationen geben, wo man – beeinflusst von zu viel Alkohol oder einer allgemeinen Übermutsstimmung – in einem nächtlichen Abenteuer »über die Stränge schlägt«, ohne dass in der Alltagsbeziehung ein Grund dafür zu finden wäre. Für diesen Fall gilt mein Rat, die Sache für sich zu behalten und für sich selbst zu reflektieren und sich zum Beispiel klar zu machen, in welchen Situationen man gefährdet ist, anstatt sich beim Partner durch »Beichte« zu entlasten!

Wenn der hier vorgeschlagene Austausch über den Zustand der Beziehung zu einem gemeinsamen positiven Ergebnis geführt hat, kann er damit abgeschlossen werden, dass die beiden Partner ihr Treueversprechen erneuern, indem sie es sich wieder gegenseitig ausdrücklich geben. Man sollte nicht unterschätzen, welche Bedeutung es für unsere Verbindlichkeit hat, wenn wir das, worum es hier geht, *nochmals ausdrücklich in Worte fassen und mit Gesten betonen.* Dadurch wird es noch »wirklicher« und verbindlicher. Das ist der große Vorteil, wenn wir in der Paarbeziehung Rituale pflegen, zu denen neben der bestimmten Zeit und dem immer gleichen Ablauf oft auch bestimmte Worte und Gesten gehören. Das kann beispielsweise so geschehen, dass sich die Partner nach dem Gespräch noch einmal direkt gegenüber setzen, sich an den Händen fassen, einander in die Augen schauen und wechselseitig nacheinander etwa sagen: »N.N., ich will mit dir als Partner/ Partnerin weiter in eine gemeinsame Zukunft gehen, ich will mich darum weiter für unsere Beziehung engagieren und ich will dir auch sexuell die Treue halten!« Schön ist es auch, wenn der Partner, dem das gesagt wird, jeweils mit einem »Danke!« oder »Danke, dass du mir das gesagt hast!« antwortet.

Was ich hier vorschlage und empfehle, ist eine immer wiederkehrende »Erneuerung« des Treueversprechens, und zwar eine, die nicht losgelöst von der konkreten Situation der Beziehung stattfindet, sondern damit innig verbunden bleibt. Darum habe ich hier auch den Vorschlag gemacht, sie mit einer »Beziehungsbilanz« zu kombinieren.

Das Treueversprechen im Alltag einlösen

Ein solches Ritual zu bestimmten Anlässen kann sehr hilfreich sein und immer wieder einen neuen Anstoß geben. Dieser Anstoß geschieht aber für den Alltag des Paares. Darum wollen wir hier noch die Überlegung anstellen: Was braucht das Treueversprechen im Alltag der Paare von jedem einzelnen der Partner, dass es nicht so endet, wie wir es bei unserem älteren Paar Heinz und Nicola gesehen haben.

Das Erste ist: Es braucht Interesse an der Beziehung

Die Paarbeziehung als Liebesbeziehung zwischen Mann und Frau hat heute gegenüber früher eine viel größere Bedeutung im Bewusstsein der Menschen erlangt. Ich habe darauf bereits hingewiesen. Auf der anderen Seite ist der Alltag der Menschen in unserer Gesellschaft von unendlich vielen Dingen ausgefüllt, die mit Beziehung – jedenfalls auf den ersten Blick – kaum etwas zu tun haben. Wenn sich jemand den ganzen Tag mit technischen Problemen auseinandersetzt, am Computer sitzt, unter einem rasenden Tempo- und Leistungsdruck steht und sich zudem noch Sorgen macht um die Kinder – ist es ein Wunder, wenn die Beziehung zum Partner auf seiner Agenda in der Rangfolge ziemlich weit nach hinten rutscht? Und trotzdem ist es entscheidend für eine tragfähige Beziehung, dass immer wieder solche Fragen mitlaufen, wie: *Wie steht es um mich und meinen Partner? Geht es uns gut miteinander?* Wenn wir das mit »Ja« beantworten können, sollte immer auch die Frage folgen: »Woran liegt das?« Denn hier werden wir auf Eigenschaften unserer Beziehung verwiesen, die ihre Stärken ausmachen, und Stärken lassen sich leichter pflegen als sich Probleme lösen lassen! Natürlich ist die Frage »Woran liegt es?« auch dann besonders wichtig, wenn die Beziehungsbilanz nicht positiv ausfällt. Dann soll sie uns ja dazu führen, die Problempunkte zu identifizieren, denen wir nun unsere Aufmerksamkeit widmen und für die wir vielleicht Hilfe von außen beanspruchen müssen.

Diese Fragen lassen sich natürlich leichter beantworten, wenn wir uns überhaupt ein wenig mit dem Thema befassen, *wie denn überhaupt Beziehungen zwischen Mann und Frau funktionieren.* Mit dem Polaritäten-Modell habe ich meinen Leserinnen und Lesern eine meiner Meinung nach zentrale

Erkenntnishilfe zur Beantwortung dieser Frage dargelegt. Es ist hilfreich, sich damit zu beschäftigen und es immer wieder anzuwenden – vor allem auch in konfliktfreien Zeiten, wie ich schon beim Thema »Austausch« betont habe. Es gibt natürlich auch viele andere Ansätze und Hinweise, die helfen, Antworten auf solche Fragen zu finden. Aber natürlich müssen wir dafür Interesse aufbringen und wohl auch etwas Zeit für Gespräche und Lektüre zu diesem Thema. Das ist nicht einfach, aber in der heutigen Zeit für eine gute Lebensbewältigung einfach nötig.

Das Zweite:Es braucht Ehrlichkeit

Ehrlichkeit mir selbst gegenüber: Wo stehe ich in der Beziehung? Wie geht es mir da insgesamt und in Bezug auf dieses oder jenes aufgetauchte Problem? Es braucht auch Ehrlichkeit in der Frage, wie ich das Verhalten meines Partners mir gegenüber und unseren derzeit aktuellen Beziehungsthemen gegenüber einschätze. Und es braucht Ehrlichkeit in der Beurteilung des Gesamtzustands unserer Beziehung. Überhöhte und perfektionistische Ansprüche sind hier immer wieder zu vermeiden, es geht vielmehr um eine realistische Beurteilung der Lage. Nur durch eine solche Ehrlichkeit können sich anbahnende ungute Entwicklungen rechtzeitig identifiziert und damit auch angesprochen werden.

Schließlich als Drittes: Es braucht immer wieder Mut

Den Mut nämlich (und zwar ebenfalls von *beiden* Seiten), aktuelle und vor allem heikle Themen der Beziehung immer wieder aufzugreifen und sie nicht durch Verschweigen der Tabuisierung anheimfallen zu lassen. Damit soll wieder nicht einer überkritischen Haltung das Wort geredet werden. Ich habe ja auch immer wieder betont, dass wir eine realistische Einstellung dazu brauchen, was in einer Alltagsbeziehung möglich und angemessen ist. Aber wahrscheinlich spürt jeder sehr genau: Mich mit diesem oder jenem einfach zufrieden zu geben und es zu lassen, wie es ist, wird gefährlich. Vor allem Menschen, die dazu neigen, es dem anderen immer wieder »recht machen« zu wollen, sind hier geneigt, zu viel Verständnis für den anderen aufzubringen. Aber eigentlich ist dies kein wirkliches Verständnis, sondern fehlender Mut und Ausweichen vor einem Schritt, der nötig ist.

Treue muss also im Alltag durch ganz konkretes Verhalten immer wieder gleichsam eingelöst werden, sonst verliert sie, wie wir an den vorausgehenden Beispielen gesehen haben, ihre sinnvolle Grundlage.

Wachsendes wechselseitiges Vertrauen

Es braucht also ein ständiges »Dranbleiben«, aber – und das ist zum Abschluss dieses Abschnittes die »gute Nachricht«: Die Partner bleiben damit nicht an der gleichen Stelle stehen, auch wenn es ihnen manchmal – aufgrund der immer wieder gleichen oder ähnlichen Themen, um die es geht – so erscheinen mag. Nein, *sie kommen voran*. Es vollzieht sich ein Prozess. Denn je länger sich das immer wieder erneuerte Treueversprechen bewährt, desto sicherer werden beide Partner, dass es nach wie vor »gültig« ist, das heißt: *Es verstärkt sich das »Vertrauen«* beider in die Verbindlichkeit der Beziehung auch für die Zukunft.

»Vertrauen« – nicht zufällig hat dieses Wort etymologisch den gleichen Stamm wie »Treue«. *Vertrauen wächst durch die Erfahrung von Treue*, und je länger die Treue währt, desto mehr stärkt sich auch das beidseitige Vertrauen. Ich kann mich dann immer mehr auf den anderen verlassen, und dieses Wort wiederum hat mit »lassen« zu tun, auch mit loslassen: Ich kann mich selbst und auch den anderen mehr loslassen, weil der andere mir einen immer festeren Halt gibt.

Die Gefahr dabei bleibt natürlich, dass so die Wachsamkeit nachlässt, die Wachsamkeit im Blick auf sich, den Partner und die Beziehung. Die braucht es zusammen mit nüchterner Ehrlichkeit und dem Mut, Dinge anzusprechen und in Auseinandersetzung zu gehen, natürlich auch weiterhin. Denn vollständige Sicherheit gibt es nicht in menschlichen Beziehungen – das zu meinen, wäre eine Illusion.

Trotz dieser Einschränkung aber gilt: Die auf Dauer praktizierte und immer wieder in der beschriebenen Art erneuerte Treue schafft *eine immer tiefere Intimität* zwischen den beiden Partnern. Sie schafft eine Nähe zwischen ihnen, die uns manchmal, wenn wir sie bei alten Paaren erleben, zutiefst berührt, weil hier so deutlich zu spüren ist, was Liebe zwischen Partnern im Tiefsten ist und sein kann. Der Reichtum einer Beziehung wird hier deutlich, in der die beiden durch Hochs und Tiefs gegangen sind, nicht aufgegeben haben, immer wieder den Weg zueinander gefunden haben und damit erst diese Tiefe ihrer Liebe erreicht haben.

Wenn zwei sich ineinander verlieben, leuchtet in der Intensität dieser Erfahrung sicherlich auch schon dieses »Ideal der Liebe« auf. Es ist aber eben ein »Aufleuchten«, eine oft intensiv erlebte »Vision«, aber *noch keine Wirklichkeit*. Zu der müssen sich die beiden jetzt erst auf den Weg machen. Ein langjähriges Paar, das seinen Prozess durch das Leben mit allen Höhen und Tiefen schon gegangen ist und sein Treueversprechen in der beschriebenen Weise immer wieder eingelöst und erneuert hat, erlebt die *Wirklichkeit dieses Ideals* schon ein ganzes Stück mehr. Das spüren die beiden in der tiefen Befriedigung, die ihnen in einer solchen Beziehung in manchen Momenten zuteil wird.

12. Kapitel
Treue und Trennung

Wir haben uns in diesem Buch bisher vor allem mit den Fällen von zwei Paaren auseinandergesetzt, um das Thema von Sinn oder Unsinn eines Treueversprechens der Partner zu konkretisieren und zu diskutieren. Dabei sind wir zu dem Ergebnis gekommen, dass im ersten Fall, bei dem jungen Paar Dominik und Anne, ein Treueversprechen noch gar nicht an der Zeit war, weil deren Beziehung in der Phase einer noch nicht vollzogenen Ablösung von den Eltern begonnen hatte. Im zweiten Fall, bei dem älteren Paar Nicola und Heinz, sagten wir, dass deren bereits geleistetes Treueversprechen durch den von den Partnern nicht ausreichend beachteten Erstarrungsprozess ihrer Beziehung im Laufe der Jahre ungültig, weil sinnlos geworden war. Bei beiden Beziehungen verfolgten wir den Prozess, der nötig war, um ein Treueversprechen bzw. ein erneuertes Treueversprechen möglich zu machen, das beide Paare sich dann auch leisteten und damit in eine neue und verbindliche Phase ihrer Beziehung eintraten.

Es gibt aber auch Fälle, bei denen ein anfangs geleistetes Treueversprechen sinnvoll und die Einlösung dieses Versprechens mehrere Jahre hindurch durchaus stimmig und angemessen war, bei denen sich aber dann so unterschiedliche Entwicklungen der Partner oder eines der Partner vollziehen, dass das ursprüngliche Treueversprechen nicht nur sinnlos wird, sondern *sich auch als nicht mehr erneuerbar erweist*, sodass es hier zu einer Trennung der Partner kommt. Die Untreue eines oder beider Partner wird hier zum Hinweis darauf, dass es durch gewisse Entwicklungen, die sich vollzogen haben, »miteinander nicht mehr weitergeht«. Dies kann sehr schmerzhaft sein, für einen der beiden oder für beide, erweist sich aber für die weitere Entwicklung der Partner dennoch als nötig. An zwei konkreten Beispielen sollen solche Entwicklungen hier veranschaulicht werden. Wir lernen dabei zwei Fälle kennen, in denen die Treue zu sich selbst so sehr in Widerspruch gerät zur Treue zum anderen, dass eine Vereinbarkeit beider, von der wir bisher immer wieder gesprochen haben, unmöglich wird, und sich die Trennung als Konsequenz einer Treue zu sich selbst als konstruktiver Ausweg zeigt.

Agnes und Marc

Wir sind diesem Paar bereits begegnet, als es in diesem Buch um die Polarisierungsprozesse in den Konflikten von Paaren ging (hier S.XX), und zwar als Beispiel für das, was wir dort »einseitige Polarisierungsprozesse« genannt haben. Beide Partner, wir nannten sie Marc und Agnes, stammten aus einem sehr konservativen katholischen Milieu und beide fühlten sich wie selbstverständlich in ihrem individuellen Lebensvollzug und dementsprechend auch in der Gestaltung ihrer Ehe an die Gebote, Konventionen und Gebräuche der Kirche strikt gebunden. Das war der eng gezogene Rahmen ihres Lebens, der ihnen aber dennoch Halt gab, dadurch auch eine gewisse Eigenständigkeit ermöglichte, sowie auch Nähe zueinander und Geborgenheit beieinander als Paar sicherte. Wie erwähnt kam Marc durch einen Berufswechsel dann in ein ganz anderes, viel liberaleres Milieu. Er lernte dort neue Kollegen und Kolleginnen kennen, begann mit einigen von ihnen immer häufiger sehr persönliche Gespräche zu führen – auch über Glaubensfragen, Moralauffassungen und Beziehungsthemen – und lernte dabei an durchaus liebenswerten Menschen völlig neue, viel weniger »gebundene«, flexible Lebenskonzepte kennen. Damit geriet bei ihm so manche bisherige Überzeugung, wie es im Leben zu sein und zu gehen hat, ins Wanken. Gespräche, die er darüber mit seiner Frau Agnes immer wieder suchte, stießen bei ihr auf völliges Unverständnis. Ihr erschien jede abweichende Meinung »vom Bösen« zu sein, und deshalb wies sie eine kritische Diskussion darüber strikt zurück.

Das konnte aber die Entwicklung von Marc nicht mehr stoppen. Er erfuhr so viel Neues und Spannendes, so viel Sympathisches und Überzeugendes, auch im moralischen und weltanschaulich-religiösen Bereich, dass ihm das, was er bisher praktiziert und für selbstverständlich genommen hatte, immer fragwürdiger wurde. Damit wurde aber auch die Distanz zu Agnes und ihrer Lebenswelt, mit der ihrer beider Ehe bisher eng verbunden war, immer größer. Er verstärkte zwar seine Bemühungen, bei ihr durch Gespräche Verständnis zu finden, ja sie vielleicht in eine ähnliche Bewegung zu bringen, wie sie ihn erfasst hatte. Aber es war aussichtslos. Sie bekam immer mehr Angst und wurde immer starrer und abweisender. Als sich dann unter seinen Gesprächspartnern zu einer Kollegin, Marion mit Namen, auch auf der persönlichen Ebene eine immer größere Nähe einstellte, und bei beiden spontan die Vision eines gemeinsamen Lebens auftauchte, entschloss er sich nach langem Hin und Her und quälerischen Selbstüberprüfungen zur Trennung. Dabei wollte er seiner Frau gegenüber fair bleiben und deshalb auf sexuellen Kontakt zu Marion vorerst noch verzichten, bis der Scheidungsprozess zum Abschluss gekommen wäre. Agnes jedoch fühlte sich so »verkauft und verraten«, dass sie sich mit aller Macht gegen Trennung und Scheidung stemmte und Marc jede Menge Prügel zwischen die Füße zu werfen begann. Dadurch zog sich die Sache immer mehr in die Länge, und Marc sah schließlich keinen Grund mehr, Agnes im sexuellen Bereich weiter die Treue zu halten. Als die Scheidung ausgesprochen war, zogen Marion und Marc zusammen, und für ihn begann ein ganz neuer Lebensabschnitt, den er – wie er später immer wieder betonte – »wie eine Neugeburt« erlebte.

Marc und Agnes sind ein Paar, bei dem sich – ausgelöst durch eine äußere Lebensveränderung – bei einem der beiden Partner, hier beim Mann, eine persönliche Entwicklung zu vollziehen beginnt, die der andere nicht mitzumachen imstande ist. Man kann dabei natürlich immer im Einzelnen über die Gründe diskutieren, sie werden in jedem Einzelfall recht verschieden sein. Sicher lebten die beiden in der Zeit ihrer Ehe und schon vorher in ihren Herkunftsfamilien ein sehr un-emanzipiertes, von vorgegebenen Regeln und Grundsätzen geprägtes Leben. Aber für längere Zeit »stimmte« das für beide. Beide fanden darin in ihrem Lebensvollzug als Paar sowohl *die* Bindung aneinander, wie auch *die* Eigenständigkeit für sich, die in den ersten Jahren für sie richtig war. Durch die berufliche Veränderung von Marc änderte sich das für diesen mehr und mehr, er trat damit gleichsam in eine neue Welt ein, die seinen Bedürfnissen viel mehr zu entsprechen begann. Aber Agnes fehlte diese Erfahrung, Marc konnte sie ihr auch nicht nahe bringen, und von ihrer Persönlichkeitsstruktur her war sie auch gar nicht bereit, ihre Lebenswelt in irgendeiner Form infrage zu stellen oder stellen zu lassen. Marcs zuerst emotionale und dann auch sexuelle Untreue war sicher ein Symptom für die hier entstehende extreme Polarisierung zwischen »Freiheit« und »Gebundenheit« in einem sehr umfassenden Sinn, aber eine Auseinandersetzung damit konnte keine neue Lebendigkeit in diese Beziehung bringen, vielmehr führte sie nur zu einer immer härteren Erstarrung von Agnes in ihrer Gebundenheit. Die Treue von Marc zu sich selbst verlangte von ihm deshalb immer eindeutiger, dass er seinen Weg weitergehen und die Treue zu Agnes aufkündigen musste.

Dorothee und Klaus

Nach unserem Polaritäten-Modell kann man den Fall von Marc und Agnes der Polarität »Nähe und Distanz« zuordnen. Der Fall von Dorothee und Klaus hingegen, dem wir uns jetzt zuwenden, wird eher mit Blick auf die Polarität »Dauer und Wechsel« verständlich. Klaus lebte mit seinen zwei heranwachsenden Söhnen in einem ehemaligen Bauernhof. Seine Frau war vor ein Paar Jahren an Krebs gestorben, die Söhne waren damals neun und sechs Jahre alt gewesen, und seither lebte er allein mit ihnen auf dem Hof. Beruflich war er als Ingenieur in einem technischen Betrieb tätig, und in der Freizeit war er ebenfalls voll beschäftigt, denn als Hobby betrieb er einen großen Garten, auch mit Obst und Gemüse, den er vom Bauernhof übrig behalten hatte. Als Dorothee ihn kennen lernte, war sie von dieser Bauernhof-Idylle fasziniert. Sie hatte schon mehrere Beziehungen hinter sich, die meist sehr unbefriedigend für sie zu Ende gegangen waren. Klaus und sein Hof, das wirkte auf sie wie »Heimat«. Sich nach dem unsteten Leben der letzten Jahre hier niederzulassen, das sprach eine tiefe Sehnsucht in ihrem Herzen an. Klaus wiederum war von der lebendigen Art Dorothees sehr angeregt. Es war halt doch manchmal recht einsam auf seinem Hof, vor allem seit seine Jungen in die Pubertät gekommen waren und mehr und mehr ihre eigenen Wege gingen. So dauerte es nicht lange, und Dorothee zog bei ihm ein. Sie hatte als Logopädin in der Nähe eine Stelle in einer Gemeinschaftspraxis gefunden, und so konnte ein neues Leben beginnen. Endlich hatte sie wieder eine Bleibe gefunden, und Klaus hatte wieder eine Frau im Haus ….

Konfliktreich wurde es allerdings sehr bald – zunächst durch die Söhne. Sie legten ganz großen Wert darauf, dass im Haus alles so blieb, wie sie es aus der Zeit mit ihrer Mutter gewöhnt waren. Auch der ältere, der bereits ein Zimmer auswärts hatte, weil er da eine Ausbildung machte, bestand darauf, sein »Kinderzimmer« so zu behalten, wie es immer gewesen war, und auch der jüngere war nicht bereit, an der alten Einteilung etwas zu ändern. Das hatte zur Folge, dass sich Dorothee mit einem kleinen Zimmerchen unter dem Dach begnügen musste, was bei ihr mit der Zeit zu dem Gefühl führte: Eigentlich gehöre ich hier ja gar nicht dazu. Was die Söhne wollen, das ist wichtig. Was ich will, ist nebensächlich. Ein Änderungswunsch, nicht nur, was die Zimmer anging, sondern auch in vielen anderen Dingen im Tagesablauf, stieß auf den einhelligen Protest der Söhne, und Klaus richtete sich nach ihnen, weil er es nicht wagte, sich ihnen zu widersetzen. Außerdem vermisste Dorothee im Laufe der Zeit auch die emotionale, und oft auch leibliche Präsenz von Klaus immer mehr. Wenn sie von der Arbeit nach Hause kam, war er meist im Schuppen oder im Garten beschäftigt und hatte noch dies und das dringend zu erledigen. Wenn sie ihre Unzufriedenheit darüber äußerte, meinte er nur: »Aber was hast du denn, ich bin doch die ganze Zeit da, ich tue doch alles, was nötig ist, damit wir es hier gut haben …« In Dorothee wurde der Wunsch immer stärker, doch auch mal aus dem Haus zu kommen, mit Klaus mal wieder allein zu sein, nicht immer nur auf die Söhne und ihre Bedürfnisse Rücksicht nehmen zu müssen. Manchmal gewann sie ja den Eindruck, die verstorbene Frau von Klaus wäre eigentlich hier immer noch die Ton-Angebende, der gegenüber sie keine Chance hatte. Freilich, im Bett, für die Sexualität, dafür sollte sie bereit sein, aber dazu fehlte es ihr immer mehr an Lust, und sie wies deshalb Klaus in diesem Punkt immer öfter ab.

Auf einem Fest ihrer Arbeitsstelle lernte sie dann Bodo kennen, einen Mann, der ihr in seiner lebendigen, kreativen Art als das gerade Gegenteil zu Klaus erschien. Das übte auf sie eine solche Faszination aus, dass sie noch am selben Abend bei ihm im Bett landete, und anderntags war für sie klar: Sie musste sich von Klaus trennen und ein anderes Leben beginnen. Nach einem Leben, das vor allem vom Wechsel bestimmt war, hatte das von Dauer bestimmte Leben von Klaus eine riesige Faszination ausgeübt. Aber hier war sie sozusagen »ins andere Extrem« geraten. Was sie brauchte, war ja tatsächlich mehr Dauer und Verlässlichkeit, aber so extrem, wie Klaus sie lebte, da begann ihr Grundbedürfnis nach Wechsel und Veränderung zu sehr auf der Strecke zu bleiben.

Sie brachte ihren Seitensprung mit Bodo bei Klaus zur Sprache und versuchte, ihm deutlich zu machen, warum ihr daran so klar geworden war, dass ihr immer mehr fehlte. Klaus war auch bereit, mit ihr in eine Paartherapie zu gehen, um das Problem zu bearbeiten. Hier allerdings wurde die Unterschiedlichkeit der beiden Lebensentwürfe erst so richtig deutlich. Klaus war nicht bereit, sich auf ein Leben einzulassen, wie Dorothee es sich wünschte. Für ihn war klar: Der Hof war seine Heimat, das Leben, das er hier führte, entsprach seiner Eigenart. Die Söhne, ihre Bedürfnisse und dass sie ihre »Heimat« nicht verlieren sollten, das ging ihm über alles. Eigentlich brauchte er eine Frau, die seiner verstorbenen glich: Zufrieden auf Haushalt und Garten ausgerichtet und bereit, die Söhne zu versorgen, wenn sie nach Hause kamen. Eine solche Frau war Dorothee ganz und gar nicht, das war schon sehr bald deutlich geworden, und ihre Außenbeziehung hatte das unübersehbar und zu einem schwerwiegenden Konflikt gemacht.

Die Bedeutung der Beziehung Dorothees zu Klaus bestand zweifellos darin, dass ihr an ihm und seinem Lebensstil sehr deutlich wurde: Es gibt in meinem Leben auch eine große Sehnsucht nach Dauer und Verlässlichkeit. Das war ihr im bisherigen Leben und in ihren bisherigen Beziehungen nie so deutlich geworden. Allerdings unterschätzte sie, welche Bedeutung der Wechsel, die Veränderung, die Spontaneität für ihr Leben *auch* hatten. Was sie in den früheren Beziehungen zu wenig hatte, das brachte ihr zwar Klaus, aber leider erheblich zu viel davon. Er hatte die Welt um sich herum aufgebaut, die für ihn stimmte, nur leider war der Platz der Frau – durch deren Krebstod – leer geworden, und die Frau, die er dafür fand und die ihn durch ihre Lebendigkeit auch kurzfristig sehr faszinierte – nämlich Dorothee –, passte leider ganz und gar nicht auf diesen Platz. Als Dorothee das immer deutlicher spürte und sie auch keinen Erfolg damit hatte, wenn sie es ansprach, bröckelte ihr Treueversprechen, und als sie dann auf Bodo traf, war es dahin.

Es war sehr angemessen, dass die beiden sich an dieser Stelle entschlossen, eine Paartherapie in Anspruch zu nehmen. Sie war gewiss die Chance, nun einen neuen Prozess in Gang zu bringen. Klaus hätte hier vor allem auch die Problematik sehen müssen, dass er eigentlich seine verstorbene Frau noch nicht verabschiedet hatte und dass er nicht bereit war, auch seine Söhne damit zu konfrontieren, dass für ihn jetzt ein neuer Lebensabschnitt beginnen musste. Er blieb sozusagen unbeweglich auf seinem Dauer-Pol, während Dorothee immer deutlicher spürte, dass Dauer für sie zwar auch wichtig war, aber ihr noch stärkeres Grundbedürfnis eher in Richtung Wechsel ging und sie daher einen Partner brauchte, der auch bereit war, sich darauf einzulassen. Ihre Untreue machte ihr klar: Was sie hier erlebte, gehörte einfach zu ihrem Leben dazu, und weil diese Seite ihrer Person in der Beziehung von Klaus nicht berücksichtigt wurde und er auch nicht bereit war, sich hier in dem Maße, in dem sie es gebraucht hätte, auf sie zu zu bewegen, mussten sich die beiden trennen. Dies sah auch Klaus immer klarer ein, und so fasste das Paar in der Paartherapie den Entschluss zu einer einvernehmlichen und darum friedlichen Trennung. Auch hier verlangte es die Treue zu sich selbst, die Treue zum anderen aufzugeben.

Treue zu sich selbst und Treue zum anderen

Wir sind als Individuen nicht einfach »festgelegt«. Es gibt eine große Bandbreite von Lebens- und Entwicklungsmöglichkeiten in uns, je nachdem, in welche Situation wir hineingeboren werden, welche Menschen unsere wichtigen Bezugspersonen sind, was die gesellschaftliche und geschichtliche Periode, in der wir leben, in uns anspricht und wozu sie uns herausfordert. Ein großes Potential an Möglichkeiten ist in uns vorhanden, aber was davon aktiviert wird, hängt von sehr vielen unterschiedlichen Bedingungen ab.

So ist es auch bei dem, was wir »Treue zu sich selbst« genannt haben. Worin sie besteht und was sie erfordert, steht nicht ein für alle Mal fest. Dieser Tatbestand kommt auch in unserem Polaritäten-Modell sehr gut zum Ausdruck. Die einander polar gegenüberstehenden Tendenzen zu Nähe und Distanz, zu Dauer und Wechsel (mit allen ihren Variationen) sind Grundbedürfnisse eines jeden Menschen. Wie nah oder fern einem Pol da einer steht, in welchen Kombinationen einer diese Bedürfnisse jeweils lebt und leben »muss«, kann sehr verschieden sein. Das ist die eine Seite. Die andere ist aber auch: Es gibt bestimmte Tendenzen bei einem jeden von uns, die sich als konstant erweisen. Der eine kann lange und intensiv Nähe leben, er braucht immer nur kurze Auszeiten für Distanz, um wieder zu sich zu finden, der andere braucht immer wieder ausgedehnte Distanz-Zeiten für seine individuellen Bedürfnisse, damit er sich auch wieder einmal auf Nähe einlassen kann. Genauso ist es auch bei Dauer und Wechsel und ebenso bei den Kombinationen Nähe/Wechsel – Dauer/Distanz und Nähe/Dauer – Wechsel/Distanz. Treue zu sich selbst bedeutet, dass ich erstens herausfinde, welche Kombinationen für mich die wichtigen und nötigen sind, und dass ich zweitens in der Begegnung mit anderen Menschen, vor allem mit möglichen Partnern, darauf achte, wie sich meine Tendenzen und die des anderen ergänzen oder widersprechen. Auch hier gibt es wieder eine große Flexibilität, sodass in verschiedenen Beziehungen meine bevorzugten Tendenzen auch recht unterschiedlich sein und sich unterschiedlich entwickeln können.

Unsere beiden Beispiele in diesem Abschnitt zeigen jedoch, dass diese Flexibilität nicht beliebig und unbegrenzt ist. Bei Heinz und Nicola sowie bei Dominik und Anne hat sich hingegen gezeigt, dass es möglich war, sich »aufeinander zu zu bewegen«, sodass ihre jeweilige Treue zu sich selbst nicht in Widerspruch geriet zur Treue zum anderen, ja sogar eines das andere »brauchte« und zur Erfüllung brachte. Bei unseren

Beispielen in diesem Kapitel aber war es anders: Die Entwicklung der Eigenständigkeit (Distanz) bei Marc überforderte die Möglichkeiten von Agnes, dabei mitzugehen, und das Bedürfnis nach Wechsel bei Dorothee wiederum überforderte die Möglichkeiten von Klaus, sich darauf einzulassen. Deshalb überstieg es hier ihre jeweiligen Möglichkeiten, die immer stärker werdenden Polarisierungen zugunsten flexibler Polaritäten umzuwandeln. Die einzige Möglichkeit für die weitere Entwicklung von Marc bzw. von Dorothee war also die Trennung. *Hier also erwies sich die Untreue zum Partner als eine Konsequenz der Treue zu sich selbst.* Beides – die Treue zu sich selbst und die Treue zum anderen – ließen sich nicht mehr zusammen bringen.

Wie weit durch die Nachwirkung von Trennung dann auch noch Entwicklungen von Personen wie Agnes (im ersten Fall dieses Kapitels) bzw. Klaus (im zweiten Fall) möglich werden, bleibt dabei offen. Nicht selten bewirken Trennungen auch bei den »Unbeweglichen« noch überraschende Veränderungen. *Der Trennungsschmerz hat insofern manchmal sehr heilsame und entwicklungsfördernde Wirkungen.* Allerdings ist nicht ausgeschlossen, dass die Entwicklungsverweigerung eines Partners auch Ausdruck echter Treue zu sich selbst, echter Autonomie, sein kann, die dann dazu führt, dass er sich von dem Partner, der sich durch bestimmte Ereignisse plötzlich in eine bisher nicht gekannte Richtung entwickelt, trennen »muss«, um sich selbst treu zu bleiben.

13. Kapitel
Lob der Eifersucht

Warum folgt jetzt noch dieses Kapitel? Der Grund ist der, dass es *zwischen Treue und Eifersucht einen wichtigen Zusammenhang* gibt. Derjenige, der das Gefühl der Eifersucht verspürt, erlebt eine Bedrohung der Treue des Partners. Er befürchtet, dass es da jemanden Dritten gibt, der für seinen Partner wichtiger und liebenswerter ist oder werden könnte als er, und dass deshalb Untreue droht.

Wir stellen uns in diesem Kapitel die Frage: Wie sind solche Eifersuchtsgefühle zu beurteilen? Stören sie eine nahe und vertrauensvolle Beziehung oder können sie hilfreich sein, Treue in dem Sinn, wie sie in diesem Buch beschrieben und als wichtig vertreten wird, zu unterstützen?

Fort mit der Eifersucht?

Seit Partner in unserer Gesellschaft ihr Zusammenleben immer ausschließlicher auf ihre gefühlsmäßig empfundene Liebe zueinander gründen, anstatt wie früher auf gesellschaftliche »Passungen«, ist für sie die freie Entscheidung zur wesentlichen Grundlage ihrer Beziehung geworden. Dazu scheinen aber Eifersuchtsgefühle in heftigem Widerspruch zu stehen. Denn wenn ich so empfinde – erhebe ich dann nicht auf den anderen einen Besitzanspruch? Beanspruche ich dann nicht ein »Recht auf meinen Partner«? Aber ich besitze ihn doch nicht und habe darum auch keinerlei Recht auf ihn! Er ist ein freier Mensch! Also muss ich mir doch die Eifersucht schleunigst verbieten, sie unterdrücken, sie mir abgewöhnen! Sie widerspricht doch einer echten Liebe, die den anderen freigibt!

In der Tat denken viele Menschen so oder ähnlich: Eifersucht stört die Liebe. Das Beziehungskonzept »Polyamorie« zum Beispiel, das wir in diesem Buch bereits erwähnt haben, sieht es als durchaus sinnvoll und möglich an, dass mehr als zwei Menschen zusammenleben und auch wechselnde Sexualität miteinander pflegen. Eifersucht kann ein solch friedlich-tolerantes Zusammenleben nur stören, es sogar unmöglich machen! Aber auch für den, der kein Anhänger dieses Beziehungskonzepts ist, gilt: Wenn der Partner/die Partnerin ein freier Mensch ist, kann ich ihn/sie doch nicht festhalten, »anbinden«, und Eifersucht – ist sie nicht der Versuch, genau das zu tun?

Dazu ist zu sagen: Ja, Eifersucht kann destruktiv sein. Sie kann zu einer Qual werden und eine Beziehung, statt sie zu erhalten, zerstören. Es kommt sehr darauf an, aus welchen Quellen sie sich jeweils hauptsächlich speist.

Zwei Arten von Eifersucht

Eifersucht kann destruktiv, krankhaft, ja sogar eine Art Wahn sein. Eifersucht kann aber auch eine natürliche Reaktion auf die Gefährdung der Liebe und damit der Treue sein. Denn: »Eifersucht kann in der Seele und der Geschichte des Eifersüchtigen selbst ihren Ursprung haben. Aber Eifersucht kann auch Gründe in der jetzigen Beziehung haben und damit wichtige Fragen an die Partnerschaft stellen«[20]. Der erste Fall begegnet uns in der Literatur in klassischer Form in der Gestalt von Othello im gleichnamigen Drama von William Shakespeare. Othello steigert sich in einen regelrechten Eifersuchtswahn hinein, er unterstellt seiner zutiefst treuen Frau Desdemona eine andere sexuelle Beziehung, indem er – angestachelt durch die Einflüsterungen seines Rivalen Jago – ihr gesamtes Verhalten in diese Richtung umdeutet. Er steigert sich da so weit hinein, dass er sie schließlich sogar umbringt.

Eine Eifersucht dieser Art beruft sich zwar auf bestimmte Verhaltensweisen des Partners. Ihren Ursprung aber hat sie vor allem im Eifersüchtigen selbst – und zwar in einem tiefen Mangel an eigenem Selbstwertgefühl. Geht man den Gründen nach, entdeckt man immer wieder, dass es sich dabei um einen Menschen handelt, der nie eine sichere Bindung in der Liebe seiner Eltern erfahren hat und deshalb in seinem weiteren Leben immer noch danach sucht. Wer zu Othello-ähnlichen Reaktionen neigt, erwartet von seinem Partner eine Art Liebe und sichere Bindung, die nur das kleine Kind bei seinen Eltern finden kann. Er ist seelisch noch ein Kind, und zwar ein verlassenes. Er ist darum auch als Erwachsener noch ein zutiefst einsamer Mensch, für den der Partner nachholen soll, was er zu Hause nie erfahren hat. Dies aber ist für jeden Partner eine Überforderung, er wird solche Erwartungen nicht erfüllen können – und das löst dann jene Eifersucht aus, die in einer Beziehung nur destruktiv werden kann, auch wenn sie nicht so dramatisch endet wie in dem Shakespeare'schen Drama. Eine solche Eifersucht hat darum tatsächlich keinen Platz in der erwachsenen Liebe. Wer von ihr immer wieder und nachhaltig erfasst wird, braucht therapeutische Hilfe, sonst wird für ihn jede Beziehung unglücklich enden.

Davon zu unterscheiden ist aber eine ganz andere Art von Eifersucht, eine, von welcher der Psychiater H. Oberbauer, Leiter der einzigen Eifersuchtssprechstunde im deutschsprachigen Raum in Innsbruck, sagt: »Wer nie eifersüchtig war auf seine Partnerin, der muss sich fragen: Liebe ich sie überhaupt?«[21]. Es geht hier um eine Eifersucht, die sich meldet, weil mir der andere wichtig ist. Und zwar meldet sie sich vor allem dann, wenn in der Beziehung erste Anzeichen von Prozessen spürbar werden, wie wir sie in diesem Buch beschrieben haben: wenn die lebendige Liebe zu erkalten beginnt, wenn sich Gegensätze zu verhärten drohen, wenn für die Partner Polarisierungen in ihren Grundbedürfnissen spürbar werden: »Wenn sich das so weiterentwickelt, könnte es mit seiner/ihrer Treue eine unsichere Angelegenheit werden ...!« Darauf weist den Partner seine aufkeimende Eifersucht hin. Und hier kann dieses Gefühl, so unbeliebt es sein mag, ein ganz wichtiges Signal für beide Partner und für ihre Liebe werden.

Diese Eifersucht kann ja auch »grundlos« sein, jedenfalls in dem Sinn, dass tatsächlich keinerlei konkreter »Dritter« vorhanden ist, durch den eine Außenbeziehung drohen würde. Aber sie kann ein ganz wichtiger Hinweis sein auf eine gefährliche oder gefährlich werdende Störung der Liebe der beiden Partner, die dadurch anfällig für solche »Dritte« werden. Wenn also dieses Gefühl auftaucht, ist es für beide, sowohl den Eifersüchtigen als auch den, dem sie gilt, wichtig, sie nicht einfach abzutun, etwa mit: »Mein Gott, das oder jenes ist doch nun wirklich kein Grund dafür ...!« Und es ist auch kein Anlass, über den Eifersüchtigen ärgerlich zu werden, etwa mit: »Belästige mich nicht mit solchen Gefühlen, die haben mit mir nichts zu tun!« Vielmehr ist es wichtig und nützlich, dass beide sich beim Auftauchen dieses Gefühls, vor allem wenn dies wiederholt der Fall ist, fragen: Wie steht es eigentlich bei uns um die Lebendigkeit unserer Liebesbeziehung? Könnte darin ein Grund für diese Eifersuchtsgefühle liegen?

Eifersucht – ein Bedrohungssignal

Für die Eifersucht als ein wichtiges Bedrohungssignal sollen hier einige typische Beispiele genannt werden. Der Einfachheit der Darstellung wegen teile ich dabei die Rollen so auf, dass Partner A jeweils der Eifersüchtige ist, und Partner B jeweils der von seiner Eifersucht Betroffene, und es bleibt offen, ob es sich dabei jeweils um eine Frau oder einen Mann handelt.

Als erstes könnte Partner B bei Eifersuchts-Äußerungen von A diesen und sich selbst fragen: »Bin ich eigentlich für dich noch *als lebendiges Gegenüber spürbar?*« Gibt es noch klar ausgedrückte Zustimmung zum anderen, gibt es auch noch deutlichen Widerspruch in manchem? Oder sind wir zwar leiblich anwesend, aber funktionieren nur noch geräuschlos, jeder vor sich hin, als wäre der andere gar nicht da? Diese Nicht-Spürbarkeit des anderen kann die von Eifersuchtsgefühlen begleitete Frage aufwerfen: »Gibt es da vielleicht jemand anderen, der wichtiger ist als ich?«

Die Eifersucht von Partner A kann zweitens auch dadurch ausgelöst werden, dass es in der Beziehung *keine Zeiten mehr für die beiden als Paar* gibt. Sie sind ein gutes Arbeitsteam, sie sind beide ein verantwortliches Elternteam – aber gibt es sie noch als Liebespaar? Und wenn nicht: Was ist dann mit der Sehnsucht nach einer erfüllten Liebe? Geht sie vielleicht bei meinem Partner B nach draußen, zu einem anderen? Allein die Tatsache, dass ein Paar seine Liebe als Frau und Mann nicht mehr pflegt, kann bei einem der beiden in dieser Weise das Gefühl von Eifersucht auslösen!

Drittens kann Eifersucht bei einem der beiden (oder bei beiden) auch dadurch ausgelöst werden, dass *Seele und Herz des anderen von anderem als vom Partner* »besetzt« sind, besetzt zwar nicht von einem Liebhaber, jedoch zum Beispiel von Fürsorge für und Bindung an die Kinder, die alle Aufmerksamkeit in Anspruch nehmen und von denen Partner A den Eindruck hat, dass sie Partner B viel wichtiger sind als er. Oder sind ungelöste Bindungen an die eigenen Eltern, an Vater und/oder Mutter noch so stark, dass es für Partner A im Herzen von Partner B keinen eigenen Platz gibt? In der Intensität der Verliebtheit werden solche ungelösten Bindungen nicht spürbar, im Alltag der Beziehung setzen sie sich wieder durch: Partner B ist quasi noch das Kind seiner Eltern, überängstlich um sie besorgt oder ständig mit Fragen um Rat mit ihnen in Kontakt, und nicht wirklich frei für eine eigene, erwachsene Beziehung zu Partner A. Oder: Seele und Herz von B sind besetzt durch ein faszinierendes Hobby, das ihn so ausfüllt, dass für nichts anderes mehr Platz zu sein scheint. Auch die Arbeit kann eine solche Rolle spielen. Denn nicht selten entsteht in Familien in der heutigen Zeit eine Situation, die Rosmarie Welter-Enderlin, die bekannte Schweizer Familientherapeutin, einmal mit dem Satz charakterisierte: »Der Mann ist mit dem Beruf verheiratet, die Frau mit den Kindern ...« Wenn einer der Partner mit Eifersucht reagiert, auch wenn es einen Dritten als Person auf der partnerschaftlichen Ebene gar nicht gibt, kann dies durch solches »Besetzt-Sein« der Seele des anderen ausgelöst werden.

Viertens: Wenn Partner B darunter leidet, dass Partner A jedes Mal eifersüchtig wird, wenn er sich mit dem gemeinsamen Freund C oder einem anderen Bekannten auch nur freundlich unterhält – dann kann das zwar durchaus auch ein Zeichen von krankhafter oder krankhaft werdender Eifersucht sein. Partner B sollte sich aber vor vorschnellen Urteilen in dieser Richtung hüten. Vielmehr könnte es nützlich sein, sich zuerst zu fragen: Was läuft eigentlich zwischen mir und diesem Freund C, wenn wir uns treffen? Was geht in meinem Inneren vor, wenn ich mich so angeregt mit ihm unterhalte? Es könnte sein, dass Partner A sehr deutlich spürt, wie da meine *sexuellen Fantasien ausgelöst werden und den anderen zu umspielen beginnen.* Vielleicht ist die Gefahr tatsächlich vollzogener Untreue weit entfernt – aber wie steht es eigentlich mit der Erotik und der Sexualität zwischen *uns,* den Partnern, wenn dieser andere da so anregend auf mich wirkt? Die Eifersucht von A mag lästig sein für B, aber vielleicht ist sie ein wichtiger Hinweis auf einschlafende oder eingeschlafene Sexualität von einem oder beiden Partnern. Mit anderen ein wenig zu flirten, braucht in einer Partnerbeziehung natürlich nicht verboten zu sein, das kann die Erotik zwischen Partnern sogar auch auf eine gute Weise inspirieren. Hier soll jedes Paar durchaus seine eigenen Gepflogenheiten und Toleranzen haben. Aber gefährlich wird es dann, wenn die sexuellen Fantasien *nur noch* nach draußen wandern und sich zwischen beiden Partnern in dieser Richtung nichts mehr oder immer weniger »abspielt«. Die Eifersuchtsreaktion des einen auch auf ein ganz »harmloses« Flirten des anderen kann ein wichtiger Hinweis darauf sein.

Wenn die Eifersucht ganz fehlt ...

Eifersucht kann also durchaus ein Zeichen bedrohter Liebe sein. Und wenn sie in einer Beziehung ganz fehlt? Ist das dann *ein Zeichen, dass hier »alles in Ordnung« ist?* Dahinter möchte ich ein großes Fragezeichen setzen. Denn auch wenn keine konkreten Gefahren drohen und keine Anzeichen vorhanden sind, dass die Partnerliebe am Erkalten ist: Sind nicht leichte Anwandlungen von Eifersucht auch Zeichen angemessener Aufmerksamkeit, mit der ich auf unsere Beziehung achte? Es scheint mir ein Zeichen solcher Achtsamkeit zu sein, wenn die Partnerin vor einem Treffen ihres Partner mit Kollegen aus seinem Betrieb, bei dem auch dessen frühere Freundin arbeitet, diesen – vielleicht sogar ein wenig besorgt – fragt: »Wird da auch die Anneli dabei sein?« Und umgekehrt ist es wohl ebenfalls ein Zeichen von Achtsamkeit für die Beziehung, wenn der Partner schon von sich aus und ohne die Frage seiner Frau diese über die Anwesenheit der früheren Freundin informiert – einfach, um die Realität deutlich zu machen und jeden Anschein von Verheimlichung dadurch zu vermeiden.

Es gibt auch Paare, die aus solchen Situationen manchmal eine Art humorvolles Spiel machen. Er sagt zum Beispiel zu ihr: »Du, übrigens wollte ich dir sagen: Heute Abend wird auch die Anneli dabei sein«, und sie hebt mahnend den Zeigefinger und antwortet: »Dass du mir aber ja nicht unter vier Augen mit ihr sprichst! Da würde ich aber sehr sauer sein …!« Dabei lächelt sie ihn liebevoll an, und er nimmt sie in den Arm und sagt: »Aber nein, das werde ich nie tun, du bist doch meine Einzige!« Hier wird die bevorstehende Anwesenheit der früheren Freundin genutzt, um auf eine humorvolle Weise den Vorrang der jetzigen Beziehung und die liebevolle Beziehung der beiden zu betonen. Anzeichen von Eifersucht können also auch *ein Zeichen dafür sein, wie wichtig dem Partner, der sie verspürt, die Beziehung zum anderen ist.*

Somit ist unser Resumee für dieses Kapitel: *Eifersucht gehört zu einer Liebe, die lebendig ist und die treu sein will, dazu.* Natürlich spielen bei dieser Reaktion immer auch die innere Befindlichkeit und die früheren Erfahrungen des Eifersüchtigen eine Rolle. Sie wecken diese Gefühle bei dem einen mehr, beim anderen weniger oder gar nicht. Aber wenn Eifersucht aufkommt, sollte man sich immer fragen: Ist unsere Liebe noch so lebendig, dass sie auch treu sein will? Oder sind hier gefährliche Erosionsprozesse im Gange? Die Eifersucht des Partners könnte uns darauf hinweisen.

Schluss
»Das Ganze im Fragment«

Der bekannte Theologe Dietrich Bonhoeffer, der sich dem Nazi-Regime nicht beugte und deshalb hingerichtet wurde, hat Briefe und Aufzeichnungen geschrieben, die er im Gefängnis verfasste und die nach seinem Tod unter dem Titel »Widerstand und Ergebung«[22] von Freunden und Kollegen herausgegeben wurden. Unter dem Eindruck der Erfahrung, dass ihm und vielen seiner Kollegen und Freunde Pläne und Vorhaben von den Nazis durchkreuzt wurden und Stückwerk bleiben mussten, denkt er darin darüber nach, worin ein erfülltes Leben eigentlich besteht, und er kommt zu dem Schluss: Es ist uns grundsätzlich nicht möglich, das, was wir mit »Ganzheit« des Lebens meinen und ersehnen, voll zu erreichen. Unser Leben bleibt immer ein Fragment. Aber es kommt darauf an, welcher Art dieses Fragment ist: bloßes Bruchstück, das – wie er sich drastisch ausdrückt – auf den Kehrichthaufen gehört, oder ein Bruchstück, in dem das »Ganze« zwar nicht verwirklicht ist, aber trotzdem spürbar wird – ähnlich wie dies auch bei manchen Fragment gebliebenen klassischen Kunstwerken der Fall ist. Und Bonhoeffer meint: Wenn wir erreichen, dass unser Leben ein solches Fragment wird, das die Ganzheit des Lebens noch erahnen lässt, haben wir die uns Menschen mögliche Erfüllung gefunden.

Diese Gedanken lassen sich meines Erachtens unmittelbar auch auf das anwenden, was wir hier in diesem Buch über eine gelingende und gelungene Paarbeziehung gesagt haben. Wir können als Partner einander nie die vollständige Erfüllung unserer Glückssehnsucht sein. Aber wir werden gerade durch das Fragmentarische, das auch einer treuen Paarbeziehung eigen ist, über unsere Begrenztheit hinaus verwiesen auf das »Ganze«, auf die »Ganzheit« der Liebe, nach der wir uns letztlich sehnen. Auf dem geschilderten Weg des prozesshaften Verständnisses von Treue in der Paarbeziehung nähern wir uns dieser *»Ganzheit des Seins«* an: nicht nur als Einzelpersonen, die dadurch »vollständiger« werden, sondern mehr noch als Paar – in dem ständigen Ringen um eine *konstruktive wechselseitige Ergänzung* in der Beziehung in unseren unterschiedlichen Grundbedürfnissen, wie das hier im Polaritäten-Modell dargestellt wurde. Auch wenn wir diese Ganzheit immer nur fragmentarisch erreichen, bilden wir in dieser Ergänzung und der so entstehenden Ahnung von einer »Ganzheit« der Liebe noch deutlicher als eine Einzelperson die von uns ersehnte Ganzheit des Seins ab.

Die Realisierung dieser »Ganzheit« bleibt auch *immer nur »Fragment«*, es bleiben Mängel, Einseitigkeiten und nicht aufzulösende Konfliktpunkte. Wir werden nie eine vollständige »Ganzheit« erreichen und es ist auch nicht auszuschließen, dass mit anderen Partnern nicht ebenfalls eine, vielleicht sogar »bessere« Variation von Ganzheit erreicht werden könnte oder möglich gewesen wäre. Aber durch ein »Herumirren« von einem Partner zum anderen auf der nicht endenden Suche nach der immer noch »größeren Ganzheit« kommt diese erst recht nicht zustande. Die Treue zu dem *einen* Partner hingegen wird dem besser gerecht, weil sie Ja sagt zu unserem wesenhaften »Fragment-Sein«.

Und deshalb bleibt auch die *Sehnsucht nach der noch größeren und vollständigeren »Ganzheit«*, von der Bonhoeffer spricht, in uns wach und verweist uns auf eine andere, eine transzendente Dimension der Wirklichkeit. Dies ist der spirituelle Aspekt der Partnerliebe, unabhängig davon, ob dieser den Liebenden bewusst wird oder nur unbewusster Hintergrund

bleibt: In dem, was wir miteinander erleben an Liebe zueinander, gerade auch in ihrer Begrenztheit und der darum bleibenden Sehnsucht nach der »noch vollkommeneren Liebe«,
wird diese andere Dimension der Liebe in ihrer vollständigen
Ganzheit erahnbar. Wenn Paare sich dies bewusst machen, ja
wenn sie darüber hinaus in einer spirituellen Praxis diese Dimension in ihr Leben hinein nehmen, gewinnen sie eine weitere Tiefe ihrer Zweisamkeit, die sie bei aller Einsamkeit, die
unser bleibendes menschliches Schicksal ist, nochmals tiefer
miteinander verbindet.

Anmerkungen

1 Vgl. Schramm (2014, S. 4)

2 Revenstorf, Liebe und Sex in Zeiten der Untreue. Wege aus der Verunsicherung , S.106

3 Revenstorf, Ebd. S.108

4 Vgl. Jellouschek, Hans: Warum hast du mir das angetan? Untreue als Chance, München

5 Vgl. u.a. Stichwort »Polyamorie – Home« bei Google

6 Vgl. Jellouschek, Warum hast du mir das angetan? Untreue als Chance

7 Thomann, Klärungshilfe S.145–223

8 Vgl. die Literatur von Schnarch, Perel und Clement

9 Vgl. Revenstorf, S.133-135 und Illouz, S.125–204

10 Schulz von Thun, Miteinander reden 2

11 Vgl. G. Bodenmann, zit. bei Schramm, S.5

12 Vgl. Gottman, Die Vermessung, S.126–134

13 Vgl. Willi, S.125–179

14 Vgl. Renz in GEO, S.83

15 Vgl. Jellouschek, Liebe auf Dauer, S.71–90

16 Vgl. Jellouschek, Achtsamkeit, S.110–138

17 Vgl. Willi, S.82–102

18 Clement in Psychologie heute, 2004, S.26–29

19 Vgl. Jäggi, S.111

20 Jellouschek, Beziehung und Bezauberung, S.124

21 Oberbauer, S.12

22 Bonhoeffer, Widerstand und Ergebung

Literatur

Bonhoeffer, Dietrich (2011): Widerstand und Ergebung: Briefe und Aufzeichnungen aus der Haft. Hrsg. von Eberhard von Bethge. Gütersloh

Clement, Ulrich (2005): Erotik – eine Frage der Entscheidung. Sexuelle Selbstverwirklichung statt sexueller Lustlosigkeit. In: Psychologie heute, Juni 2005, S.26–29

Clement, Ulrich (2006): Guter Sex trotz Liebe. Wege aus der verkehrsberuhigten Zone. Berlin

Glass, Shirley P./ Staeheli, Jean Coppock (2015): Die Psychologie der Untreue. Stuttgart

Gottman, John/Silver, Nana (2014): Die Vermessung der Liebe. Vertrauen und Betrug in Paarbeziehungen. Stuttgart

Illouz, Eva (2011): Warum Liebe wehtut. Eine soziologische Erklärung. Berlin

Jäggi, Eva (2005): Tritt einen Schritt zurück und du siehst mehr. Gelassen älter werden. Freiburg

Jellouschek, Hans (2010): Liebe auf Dauer. Was Partnerschaft lebendig hält. Freiburg

Jellouschek, Hans (2010): Beziehung und Bezauberung. Wie Paare sich verlieren und wiederfinden, gespiegelt in Märchen und Mythen. Darin: Othello und Desdemona. Wann Eifersucht die Liebe zerstört und wann sie sie schützt und belebt. S.103–124. Freiburg

Jellouschek, Hans (2012): Achtsamkeit in der Partnerschaft. Was dem Zusammenleben Tiefe gibt. Freiburg

Jellouschek, Hans (2015): Warum hast du mir das angetan? Untreue als Chance. 1. Aufl. 2003. München

Krüger, Wolfgang (2012): Das Geheimnis der Treue. Paare zwischen Versuchung und Vertrauen. Freiburg

Lendt, Holger/Fischbach, Lisa (2014): Treue ist auch keine Lösung. Ein Plädoyer für mehr Freiheit in der Liebe. München/ Zürich

Natho, Frank (2014): Brauchen wir die Liebe noch? Entzauberung eines Beziehungsideals. Göttingen

Oberbauer, Harald (2015): »Wer sagt, er sei noch nie eifersüchtig gewesen, ist für mich hochauffällig«. In: Süddeutsche Zeitung, Magazin vom 9.1.2015, S.9–13

Perel, Esther (2010): Wild Life. Die Rückkehr der Erotik in die Liebe. München/Zürich

Renz, Ulrich (2010): Paarforschung. Was uns zusammenhält. In: GEO 07, Juli 2010, S.68–88

Revenstorf, Dirk (2015): Liebe und Sex in Zeiten der Untreue. Wege aus der Verunsicherung. München.

Richardson, Diana (2011): Slow Sex. Zeit finden für die Liebe. München

Schnarch, David (2011): Intimität und Verlangen. Sexuelle Leidenschaft wieder wecken. Stuttgart

Schramm, Stefanie (2011): Das ewige Ideal. Webseite Stefanie Schramm, S.1-5. In: Die Zeit, Titelgeschichte

Schulz von Thun, Friedemann (1999): Miteinander reden. Stile, Werte und Persönlichkeitsentwicklung. Hamburg

Spieker, Markus (2011): Mono. Die Lust auf Treue. München

Thomann, Christoph/Schulz von Thun, Friedemann (1991): Klärungshilfe. Handbuch für Therapeuten, Gesprächshelfer und Moderatoren in schwierigen Gesprächen. Hamburg

Willi, Jürg (2002): Psychologie der Liebe. Persönliche Entwicklung durch Partnerbeziehungen. Stuttgart